Catequese de inspiração catecumenal e a identidade trinitária da iniciação cristã

Dados Internacionais de Catalogação na Publicação (CIP)
(Câmara Brasileira do Livro, SP, Brasil)

Reinert, João Fernandes
  Catequese de inspiração catecumenal e a identidade trinitária da iniciação cristã / João Fernandes Reinert. – Petrópolis, RJ : Vozes, 2024.

  ISBN 978-85-326-6849-3

  1. Catequese 2. Catequese – Igreja Católica 3. Fé (Cristianismo) 4. Vida cristã I. Título.

24-205371   CDD-268.82

Índices para catálogo sistemático:
1. Catequese : Igreja Católica : Cristianismo   268.82

Tábata Alves da Silva – Bibliotecária – CRB-8/9253

João Fernandes Reinert

**Catequese
de inspiração
catecumenal
e a identidade
trinitária da
iniciação cristã**

EDITORA
VOZES

Petrópolis

© 2024, Editora Vozes Ltda.
Rua Frei Luís, 100
25689-900 Petrópolis, RJ
www.vozes.com.br
Brasil

Todos os direitos reservados. Nenhuma parte desta obra poderá ser reproduzida ou transmitida por qualquer forma e/ou quaisquer meios (eletrônico ou mecânico, incluindo fotocópia e gravação) ou arquivada em qualquer sistema ou banco de dados sem permissão escrita da editora.

CONSELHO EDITORIAL

Diretor
Volney J. Berkenbrock

Editores
Aline dos Santos Carneiro
Edrian Josué Pasini
Marilac Loraine Oleniki
Welder Lancieri Marchini

Conselheiros
Elói Dionísio Piva
Francisco Morás
Gilberto Gonçalves Garcia
Ludovico Garmus
Teobaldo Heidemann

Secretário executivo
Leonardo A.R.T. dos Santos

PRODUÇÃO EDITORIAL

Aline L.R. de Barros
Marcelo Telles
Mirela de Oliveira
Otaviano M. Cunha
Rafael de Oliveira
Samuel Rezende
Vanessa Luz
Verônica M. Guedes

Conselho de projetos editoriais
Luísa Ramos M. Lorenzi
Natália França
Priscilla A.F. Alves

Editoração: Jhary Artiolli
Diagramação: Editora Vozes
Revisão gráfica: Fernando Sergio Olivetti da Rocha
Capa: Pedro Oliveira

ISBN 978-85-326-6849-3

Este livro foi composto e impresso pela Editora Vozes Ltda.

Sumário

Introdução, 7

1 – Os altos e baixos da iniciação cristã na sua identidade trinitária, 11

1.1 A identidade trinitária da iniciação cristã 13

1.2 A eclesiologia "a-trinitária" do período
da catequese doutrinalística 16

1.3 A catequese reflete a eclesiologia de sua época 20

1.4 A identidade trinitária da Iniciação à
Vida Cristã de inspiração catecumenal 23

2 – A Santíssima Trindade e o querigma cristão, 29

2.1 O primeiro anúncio: começar por Aquele
que revela a Santíssima Trindade 31

2.2 O querigma é cristológico e trinitário 35

3 – Pai, Filho e Espírito Santo são proclamadores do querigma, 47

3.1 Jesus, o proclamador querigmático de Deus 49

3.2 Jesus é o mensageiro, o *kerix* que proclama
a boa notícia de que Deus é Pai e tem um Filho 51

3.3 Jesus é o *kerix* que proclama a Boa notícia
do Espírito Santo 56

3.4 O Pai é o *kerix* que enviou ao mundo a boa-nova do
Verbo encarnado e do Espírito Santo – As duas
mensagens do Pai: Encarnação e Pentecostes 59

3.5 O Espírito Santo é mensageiro mistagogo 62

4 – A Santíssima Trindade nos ritos litúrgicos da Iniciação à Vida Cristã, 69

4.1 Celebração de entrada ou admissão no catecumenato........................... 71

4.2 A Palavra do Pai é Jesus Cristo: a entrega da Palavra de Deus e a centralidade da Sagrada Escritura na catequese............................... 73

4.3 A entrega do Símbolo (Credo) e a fé na Santíssima Trindade...................... 77

4.4 A entrega da Oração do Senhor: aprender a rezar trinitariamente..................... 85

4.5 A Trindade na oração do Pai-nosso..................... 88

4.6 Unção dos catecúmenos (Rica, n. 130-132)..................... 94

4.7 A Trindade no espaço físico dos encontros catequéticos........................... 96

5 – A Trindade e os sacramentos da Iniciação à Vida Cristã, 99

5.1 A unidade do Mistério Pascal, a inseparabilidade e a sequência dos três sacramentos da iniciação cristã...... 101

5.2 A relação Batismo-Crisma: banho-unção..................... 104

5.3 A história dos sacramentos da iniciação..................... 110

Conclusão, 123

Referências, 125

Introdução

Muito já se refletiu sobre a Iniciação à Vida Cristã nas últimas décadas, impulsionado pela renovada atualização pastoral promovida pelo Concílio Vaticano II, que resgatou, dentre muitos outros patrimônios evangelizadores da Igreja, a metodologia de inspiração catecumenal.

A pertinência e a atualidade da inspiração catecumenal, assim como toda sua riqueza metodológica, somente são compreensíveis à luz de algumas características estruturantes que dão a tônica e perpassam toda a dinâmica do percurso da iniciação cristã. Referimo-nos, principalmente, à redescoberta da centralidade do Mistério Pascal, à vitalidade do anúncio e reanúncio permanentes de Jesus Cristo (querigma), à consciência da unidade entre catequese e liturgia, à ministerialidade de toda a comunidade eclesial. É aguda a atual consciência eclesial de que a Iniciação à Vida Cristã não acontece de maneira profícua sem esses e outros elementos teológicos, eclesiológicos e pastorais acima mencionados. Em contrapartida, pouco se tem dito sobre a relação entre Iniciação à Vida Cristã e a Santíssima Trindade, ou sobre a dimensão trinitária do querigma cristão. Há quase um silêncio na reflexão teológica e pastoral sobre o lugar da Santíssima Trindade no itinerário da iniciação à fé, o que significa uma profunda contradição, pois fé cristã é fé trinitária. Crer em Deus Pai, Deus Filho e Deus Espírito Santo é o núcleo e a síntese da fé cristã.

A Trindade Santa é a origem e a meta do cristianismo, é a fonte de onde jorra permanentemente a razão de ser da Igreja. A Igreja vem da Trindade e caminha para Ela, como bem recorda a Constituição Dogmática *Lumen Gentium*. Na iniciação cristã não poderia ser diferente: a Trindade está na sua origem. A iniciação cristã é iniciação à Trindade Santa. Somos iniciados, por meio da Pessoa de Jesus Cristo, em três Pessoas, Pai, Filho e Espírito Santo, tão profundamente unidas que são um só Deus. Iniciação cristã é participação no mistério de comunhão, que é o mistério da Trindade Santa.

A centralidade da Santíssima Trindade na iniciação cristã é um campo a ser explorado, com o mesmo vigor com que se está sendo redescoberta a inspiração catecumenal nos últimos anos. A Trindade Santa não se reduz a um tema da catequese, ainda que o mais importante de todos os outros temas. Não se trata tão somente de falar sobre a Santíssima Trindade na catequese ou afirmar repetidamente que Deus é três Pessoas e um só Deus. Na catequese de inspiração catecumenal, o "conteúdo" trinitário vem acompanhado de uma eclesiologia relacional, de encontros catequéticos dinâmicos, litúrgicos, envolventes e mistagógicos. O ensinamento sobre Deus Uno e Trino é acompanhado da experiência do mistério. Junto ao saber sobre Deus está o sabor divino. Na metodologia de inspiração catecumenal, a Trindade está presente no conteúdo, na espiritualidade, nas relações, nos ritos, no ambiente físico, no método, na organização; enfim, Ela pode ser experimentada em múltiplos "lugares", nem sempre perceptíveis de imediato. Há uma espiritualidade trinitária que perpassa o inteiro percurso da iniciação cristã, em todas as suas etapas e tempos.

Refletir sobre a identidade trinitária da iniciação cristã não pode ser tarefa para o dia seguinte. Se cremos que a Santíssima Trindade está no coração da vida cristã, o que isso significa para a catequese? Quais as implicações da centralidade da Trindade no projeto da iniciação cristã de inspiração catecumenal? Como transparece o mistério trinitário de Deus no conteúdo e na metodologia catequética? Essas e outras são questões centrais a serem aprofundadas na busca por uma catequese que pretende crescer na consciência de ter Deus Uno e Trino como fonte, meta e identidade da vida cristã. Reside aqui, portanto, a contribuição do presente livro, que tem como objetivo visitar a metodologia de inspiração catecumenal, naquilo que lhe é estrutural e constitutivo, à luz da espiritualidade trinitária.

O livro está organizado em cinco capítulos, cada um deles com a tarefa de aproximar o seu tema específico ao mistério da Santíssima Trindade. No decorrer dos capítulos serão abordados temas como a história da iniciação cristã, a dimensão trinitária do querigma, as principais características da inspiração catecumenal, a unidade dos sacramentos da iniciação, alguns ritos celebrativos e o ambiente mistagógico dos espaços catequéticos, sempre à luz da identidade trinitária, no intuito de ajudar a iniciação cristã a perceber que sua origem e meta, sua vocação e missão, é trinitária.

1

Os altos e baixos da iniciação cristã na sua identidade trinitária

A iniciação cristã é portadora de uma identidade profundamente trinitária. Desde os primórdios do cristianismo, toda pessoa que desejasse assumir a vida cristã no seguimento de Jesus Cristo era batizada, após um tempo de preparação, em nome do Pai e do Filho e do Espírito Santo, o que atesta que a iniciação cristã se configura como iniciação à Santíssima Trindade. Ao longo da história do cristianismo, tal consciência trinitária brilhou, ora com mais claridade, graças à existência de comunidades abertas ao Espírito, ora mais ofuscada, consequência de um modelo eclesiológico de determinados períodos que não deixava sobressair o mistério de Deus Trindade. O presente capítulo pretende visitar rapidamente os altos e baixos da identidade una e trina na história do cristianismo, sobretudo no que diz respeito, direta ou indiretamente, à catequese.

1.1 A identidade trinitária da iniciação cristã

A fé cristã é fé trinitária. Jesus de Nazaré revelou o mistério de um Deus que é Uno e Trino, e nele e a partir dele entramos no mistério de Deus Pai, Filho e Espírito Santo. Iniciação à Vida Cristã, por sua vez, é iniciação ao mistério trinitário de Deus.

A Iniciação à Vida Cristã está a serviço da experiência no Deus Uno e Trino revelado por Jesus, o que significa que no projeto e no percurso iniciático de inspiração catecumenal tudo deve convergir para a Santíssima Trindade, a qual não é um capítulo a mais na catequese, mas seu início, sua meta e sua realização.

A Iniciação à Vida Cristã somente será cristã se resgatar seu DNA trinitário. Há uma identidade e uma espiritualidade nitidamente trinitárias na inspiração catecumenal, o que não poderia ser diferente, pois ser cristão significa ser iniciado no Deus Pai, Filho e Espírito Santo. Por espiritualidade trinitária na catequese entendemos um caminho de iniciação à fé marcado pela experiência, pelo encontro, pelo diálogo, pela participação ativa e consciente no percurso do tornar-se cristão.

A riqueza do catecumenato dos primeiros séculos do cristianismo e da atual renovação catequética de inspiração catecumenal, em sua estrutura, metodologia, eclesiologia e espiritualidade, é mais bem compreendida a partir da origem e meta da vida cristã que é o encontro pessoal com Jesus Cristo e a imersão no mistério do Deus Trindade. Na origem e na meta da vida cristã estão Pessoas divinas, Pai, FilhCao e Espírito Santo. Ser cristão é participar da comunhão das Pessoas divinas. Não poderia haver outro modo de ser iniciado no mistério de eterna comunhão de vida e amor da Santíssima Trindade, a não ser a partir de uma metodologia que se estruture relacionalmente, isto é, trinitariamente em todas as suas dimensões e em todos os elementos que compõem o itinerário de formação de novos cristãos. Se o objetivo da iniciação é iniciar na fé trinitária, nada mais coerente que uma metodologia que seja capaz de fazer brilhar o rosto trino de Deus em todos os momentos do percurso do tornar-se cristão.

Na catequese de inspiração catecumenal, a Trindade Santa deixa ser experimentada nos encontros, no conteúdo, na metodologia, na espiritualidade, no espaço físico, nos relacionamentos, na linguagem; enfim, Ela está presente em cada elemento da estrutura e da metodologia da formação de novos cristãos. Contudo, bem sabemos que a consciência da identidade trinitária da vida cristã, a quem a catequese está a serviço, nem sempre pautou o cristianismo. Por séculos, a teologia e a eclesiologia tiveram enormes dificuldades para fazer valer uma espiritualidade eclesial trinitária, sobretudo no segundo milênio, cujos séculos foram marcados por uma postura rígida, burocrática, piramidal, apologética de ser Igreja. Por conseguinte, a catequese também teve seu período, não curto, de ausência de uma identidade trinitária. É importante que se diga que não se trata de um período de não fé no Deus Trino, mas de carência de espiritualidade trinitária, isto é, carência de um jeito de ser Igreja e de um estilo pastoral em que o Deus comunhão de Pessoas divinas pautasse a organização e as relações eclesiais. Por um longo período da história, a catequese foi "a-trinitária" na metodologia, no conteúdo, nas relações, na compreensão dos sacramentos, dentre tantos outros aspectos essenciais do que entendemos por iniciação cristã.

Em contrapartida, nas últimas décadas, a Igreja, e com ela a catequese, vem redescobrindo sua vocação trinitária. Referência obrigatória nessa mudança de paradigma é o Concílio Vaticano II, o qual, dentre tantas outras redescobertas, reencontra o catecumenato da Igreja primitiva, cuja metodologia é essencialmente relacional e comunitária, portanto, trinitária. Da redescoberta do catecumenato nasce a inspiração catecumenal. A diferença entre ambos está no fato de não se tratar de uma mera cópia ou repetição da iniciação dos inícios da era cristã, mas, conservando sua identidade fundamental, trazer para o hoje da história seus elementos irrenunciáveis, a partir do princípio da inculturação e do *aggiornamento* teológico pastoral.

Em diversos documentos, o Concílio Vaticano II pede a restauração do catecumenato: "Restaure-se o catecumenato dos adultos, com vários graus [...] de modo que o tempo do catecumenato, dedicado à conveniente instrução, possa ser santificado por meio de ritos sagrados que se hão de celebrar em ocasiões sucessivas" (SC, n. 64, 66 e 71). Citemos ainda *Ad Gentes*, n. 14: "O catecumenato não é mera exposição de dogmas e preceitos, mas uma formulação de toda a vida cristã e uma aprendizagem efetuada de modo conveniente, por cujo meio os discípulos se unem a Cristo seu mestre".

Enfim, a história da evangelização teve altos e baixos no seu percurso histórico no tocante à sua identidade trinitária. Conhecer as oscilações históricas da centralidade da Santíssima Trindade na vida da Igreja, com repercussões diretas na evangelização, e mais especificamente na catequese, é fundamental para melhor perceber em que consiste a presença ou a ausência da espiritualidade trinitária na Igreja no decorrer dos tempos. Enxergar os altos e baixos no modo de iniciar na fé ao longo da história da Igreja é fundamental para continuar a investir numa catequese que seja cada vez mais trinitária em todos os seus aspectos, pois, por mais que se tenha investido nos últimos anos no novo paradigma catequético de inspiração catecumenal, certos entraves persistem, dificultando uma catequese genuinamente iniciática, que introduza a pessoa, na totalidade de sua existência, no mistério de Deus Uno e Trino revelado por Jesus Cristo.

Tais entraves não são superados de uma hora para outra. A mudança de registro do modelo de catequese escolar e doutrinal para o modelo catecumenal, querigmático e mistagógico não é automática, sobretudo porque o que está em jogo não é apenas nova metodologia catequética. A necessária mudança em questão envolve outras conversões pastorais e estruturais, pessoais e comunitárias. Subjacente a todas essas e a outras conversões é necessário a conversão à espiritualidade trinitária, sem a qual todas as outras mudanças serão paliativas. A insistência na expressão "espiritualidade trinitária" é proposital, pois é ela que norteará a reflexão de todos os tópicos do livro.

1.2 A eclesiologia "a-trinitária" do período da catequese doutrinalística

A catequese é reflexo da teologia e da eclesiologia de sua época. Se a história da catequese teve altos e baixos, com características trinitárias e "a-trinitárias", é porque o mesmo ocorreu com a instituição eclesial. O mistério da Santíssima Trindade, central para o cristianismo, permaneceu por muito tempo à margem da vida cristã, da teologia, da espiritualidade, da catequese; enfim, do cristianismo no seu conjunto de dimensões. Sobretudo no segundo milênio do cristianismo, a eclesiologia foi marcada por uma tendência "a-trinitária", não no sentido da não profissão de fé no Deus Uno e Trino, mas no sentido de que essa profissão de fé no Deus Trindade nem sempre pautou a evangelização, as relações eclesiais, as configurações estruturais, a forma de exercer a autoridade, a liturgia, o direito, dentre muitos outros aspectos. Teólogos e pastoralistas já denunciaram, com razão, esse esquecimento prático da Trindade, em alusão a esse período da história eclesial em que o cristianismo foi caracterizado por forte rigidez doutrinal e moral, numa postura defensiva e autoritária, com ênfase na hierarquia, no magistério, nas relações desiguais entre clero e leigos, além de tantos outros sinais de um cristianismo não trinitário.

Por um longo período da história da Igreja, a teologia se estruturou a partir de conceitos metafísicos e ontológicos e, por conseguinte, pela escassa atenção ao caminho histórico de Jesus de Nazaré, pelo esquecimento da categoria Reino de Deus. Sem a possibilidade de fazer uma descrição detalhada de todo esse período, nos limitaremos a alguns cortes históricos, a fim de melhor elucidar de que modo a fé no mistério da Trindade foi ou não a chave hermenêutica da organização e da vida eclesial. Conforme já dito há pouco, essa lembrança histórica é fundamental se quisermos melhor entender a catequese de ontem e os novos caminhos da catequese de hoje.

Enquanto que no período da patrística a teologia e a eclesiologia eram essencialmente trinitárias, pneumatológicas, relacionais, comunitárias, místicas, litúrgicas, sapienciais, inculturadas, plurais (Libanio; Murad, 2010, p. 112-113), a partir do casamento Igreja-Império, com influências e interferências mútuas, inicia-se um processo de enrijecimento hierárquico e aquisição de poder por parte da Igreja, cujas consequências mais drásticas foram a perda das relações fraternas, da qualidade de vida comunitária, do espírito missionário, do catecumenato, do profetismo, enfim, a aliança com o Império

Romano significou uma progressiva e rápida perda da espiritualidade trinitária da Igreja de Jesus Cristo. Não tardou para a Igreja trazer para dentro dela exatamente aquilo que Jesus de Nazaré mais rejeitou na sua vida e no seu ministério: poder, vantagens, privilégios, relações desiguais. Conhecemos as consequências de quando a Igreja se tornou a religião oficial do Império Romano, em 380. As exigências para abraçar a fé cristã já não eram as mesmas. Tornar-se cristão acarretava, muitas vezes, privilégios pessoais. Aos poucos, entra em decadência o catecumenato. Bispos começaram a ganhar *status* de príncipes.

Em determinado momento da Cristandade, no final do século XI, devido à excessiva influência do Estado sobre a Igreja, o Papa Gregório VII iniciou a chamada reforma gregoriana. Nesse período, a Igreja reforçou o poder, a centralização, a autoridade papal, a dimensão juridicista e clerical. No século XVI, no contexto do advento das transformações advindas da Modernidade, entrou em cena a reforma protestante com Lutero (1517), diante da qual a Igreja reagiu com a chamada contrarreforma, reforçando mais uma vez a instituição e a autoridade do magistério eclesiástico. Alguns séculos depois foi realizado o Concílio Vaticano I (1869-1870). Diante das revoluções sociais, econômicas e culturais daquele período, a Igreja entrou, dessa vez, em oposição ao mundo, para a cultura e as ciências.

Não se pode deixar de registrar inúmeros cristãos que nesse período chamavam a Igreja para a conversão trinitária, rumo a uma Igreja comunhão. Como não trazer à memória São Francisco de Assis que, sem romper com a Igreja, a reconstruiu a partir do primado da fraternidade e da minoridade?

Em linhas gerais, é permitido dizer que no primeiro milênio a Igreja teve um rosto mais sinodal, relacional, participativo, por isso, trinitário, enquanto que no segundo milênio prevaleceu demasiadamente a dimensão institucional, com postura autoritária, combatente, defensiva, o que dificultou a manifestação do mistério maior da fé cristã, que é o mistério de Deus Uno e Trino. Yves Congar, teólogo dominicano e perito do Concílio Vaticano II, utilizou a expressão "cristomonismo" para se referir a essa postura vertical de ser Igreja (Forte, 1987, p. 9).

O Concílio Vaticano II recolocou a Igreja nos trilhos da comunhão e da participação, recuperou seu rosto trinitário, com a volta às fontes do cristianismo. Com o último concílio ecumênico, a Igreja redescobriu sua identidade tri-una, relacional, comunitária. Igreja é povo de Deus, mistério de comunhão. Não há dúvida de que a compreensão da Igreja como comunhão é decorrente da redescoberta da origem e meta da Igreja. Afirma a *Lumen Gentium*, citando os Santos Padres, que a Igreja vem da Trindade e ruma para a Trindade. Igreja é "povo reunido na unidade do Pai e do Filho e do Espírito Santo" (LG, n. 4).

Referência central no resgate de uma Igreja trinitária no pós-Vaticano II é o Papa Francisco, cujo ministério é profundamente querigmático, mistagógico, relacional. Sua ênfase numa Igreja descentralizada, atenta ao vírus da autorreferencialidade e do clericalismo, já revela por si só que, na compreensão de Francisco, Igreja e Santíssima Trindade são realidades convergentes, ou melhor, que a vocação da Igreja é refletir e revelar o rosto Uno e Trino de Deus.

1.3 A catequese reflete a eclesiologia de sua época

Dissemos, há pouco, que a catequese é reflexo da teologia e da eclesiologia de seu tempo. O modelo de catequese é decorrente do modelo de Igreja de sua época, espelha a eclesiologia de cada contexto, reflete a compreensão que a Igreja tem de si e sua relação com o mundo na qual ela está inserida. O modelo de catequese e o jeito de ser da Igreja (eclesiologia) são duas faces da mesma realidade. Tanto é verdade que, nos primórdios do cristianismo, quando se deu o nascimento e desenvolvimento da instituição catecumenal, o modo de iniciar na fé em Jesus Cristo era essencialmente querigmático, mistagógico, celebrativo, comunitário, participativo, progressivo, assim como era querigmática e mistagógica a eclesiologia daquela época.

Quando surgiu o catecumenato, isto é, a instituição formadora de novos cristãos, nos primeiros séculos do cristianismo, a iniciação cristã tinha uma fisionomia nitidamente trinitária, era marcada por uma espiritualidade de comunhão e participação. Paulatinamente, tamanha espiritualidade trinitária na iniciação cristã começou a se enfraquecer. Perdeu-se a unidade dos sacramentos da iniciação e se inverteu a ordem dos mesmos sacramentos. O Batismo de crianças começou a ser cada vez mais generalizado, até culminar no desaparecimento da instituição do catecumenato. A partir daí, foram séculos de um estilo de catequese pautada fundamentalmente na dimensão doutrinal e racional da fé, sustentada pelo paradigma escolar de ensino-aprendizagem. A catequese, nesse paradigma, por já pressupor o primeiro anúncio de Jesus Cristo, estava alicerçada na dimensão da instrução, no conteúdo a ser repassado e decorado, nos sacramentos a serem recebidos; enfim, catequese era sinônimo de doutrina, cujos resquícios permanecem ainda hoje, haja vista frases como "fulano foi para a doutrina", referindo-se à ida aos encontros de catequese.

O rico percurso de longos anos de preparação para a vida cristã foi substituído pela preparação imediata, em vista da recepção dos sacramentos o mais rápido possível. Dito de forma mais clara, começou-se a ser cristão automaticamente, e cabia à catequese a missão de instrução e de ensino. Aos poucos, o percurso de preparação à vida cristã reduziu-se à etapa do curso imediato em preparação aos sacramentos.

O casamento Igreja-Império; isto é, a aliança entre poder civil e religião cristã esmoreceu as exigências e seriedade no itinerário do tornar-se cristão; afinal, ser cidadão e ser cristão começaram a se equivaler. É no século XV que a catequese assume de vez as marcas do conceitualismo, focada nas formulações doutrinais, nas definições sobre Deus. Catequese é, então, nesse período, sinônimo de instrução.

Do mesmo modo que a hierarquia da Igreja enfatizou o magistério por um longo período da história, a catequese enfocou, nesse mesmo período, o ensino doutrinal. A ênfase na dimensão racional da fé, em detrimento de outras dimensões da fé cristã, como a experiência, a mística, o comunitário, a celebração, colocou a catequese muito próxima do modelo escolar, cujos encontros pareciam mais aulas para decorar conceitos do que espaço de experiência com o Deus, comunhão de Pessoas divinas.

No século XV, tal paradigma catequético de instrução alcançou o seu apogeu, mais especificamente no contexto do Concílio de Trento. Foi nesse contexto que surgiram e se desenvolveram os catecismos, sendo o catecismo dos párocos o mais conhecido[1]. Dentre as razões que alimentaram o enfoque na doutrinação religiosa está a defesa da fé ante certos

---

1. Além dele, outros catecismos conhecidos da época são o de São Pedro Canísio, de 1555, o Catecismo de São Carlos Borromeu, de 1566, e o de São Roberto Belarmino, de 597.

questionamentos oriundos da reforma protestante. Fato é que a lógica dos catecismos marcou um período longo na história da evangelização, fazendo com que a catequese entrasse pelos caminhos da memorização dos conteúdos religiosos. Por mais que a fé cristã comporte, obviamente, a dimensão doutrinal, a Iniciação à Vida Cristã não se reduz ao repasse de um conjunto de doutrinas. Como bem observa o sacerdote e catequeta espanhol Alberich (1993-2022):

> no centro da catequese deve estar a experiência de fé; a linguagem de um catecismo deve ser, sobretudo, narrativa, intuitiva, profundamente bíblica na sua inspiração (e não só pelo acúmulo de citações materiais da Bíblia); a profissão de fé deve traduzir-se em louvor a Deus; o catecismo deve ter uma dimensão doxológica (Alberich, 1987, p. 45).

Muitos são os divórcios presentes no modelo de catequese racionalista/conteudista, como a separação catequese-liturgia, catequese-comunidade, sacramento-comunidade, fé-sacramento, haja vista o individualismo sacramental, com sua concepção mágica de salvação, segundo a qual os sacramentos agem por si mesmos, com seus efeitos autônomos e independentes de outros elementos. Esses divórcios já seriam suficientes para perceber a perda da identidade trinitária da catequese. Não se trata, e é importante que se diga sempre de novo, de não fé na Santíssima Trindade. A questão é de ordem prática, ou seja, a profissão de fé trinitária não iluminava suficientemente um modo de ser Igreja com rosto relacional, comunitário, participativo.

Uma observação se faz necessária a respeito dessa realidade aqui descrita. Primeiramente, é urgente dizer que de modo algum se está desmerecendo a importância da dimensão doutrinal da vida cristã, contudo a doutrina está a serviço e quer ser expressão de uma profunda experiência de Deus. Doutrina não é fim em si mesma: fim último é o encontro, a experiência, o apaixonamento, a conversão, o seguimento, o discipulado de Jesus Cristo, a salvação gratuitamente oferecida por Deus Pai, por intermédio de seu Filho, no Espírito Santo. A doutrina maior da fé cristã é a Pessoa de Jesus Cristo, revelador e porta de acesso à Trindade. A doutrina maior do cristianismo é o mistério trinitário de Deus revelado por e em Jesus Cristo. Quando a catequese, seja a de ontem, seja a de hoje, não consegue gerar experiência de comunhão com Deus e com os irmãos, então pode-se dizer sem rodeios que se trata de uma catequese "a-trinitária". Posto isso, voltemos à história da iniciação cristã. O Vaticano II redescobriu o modo de iniciar na fé dos primórdios do cristianismo. Foi o último concílio, dom do Espírito, que recolocou a iniciação cristã dentro da mística trinitária, isto é, a iniciação cristã voltou a ser lugar da experiência, da conversão, da relação, do encontro, da fé. Com a inspiração catecumenal, a catequese volta a ser mística. Em uma palavra, ela volta a ser trinitária. O próximo passo da reflexão será visitar as principais características da inspiração catecumenal à luz de sua identidade trinitária.

1.4 A identidade trinitária da Iniciação à Vida Cristã de inspiração catecumenal

Nos altos e baixos da identidade trinitária da iniciação cristã ao longo da história, entremos agora nas principais características do catecumenato dos primeiros séculos do cristianismo e da atual inspiração catecumenal, cujo livro litúrgico referencial é o *Ritual de Iniciação Cristã de Adultos* (Rica). A intenção primordial, ao descrevê-las, é continuar no exercício de perce-

23

ber a espiritualidade e a identidade trinitária da Iniciação à Vida Cristã. Ao recordar as principais características do Rica, o que pretendemos é treinar o olhar para melhor perceber os sinais da Trindade Santa na dinâmica do percurso iniciático.

Existe um termo próprio da teologia trinitária que nos acompanhará no objetivo de aproximar a metodologia catecumenal e a espiritualidade trinitária. Trata-se do termo "pericorese", e seu significado exprime a profunda e essencial comunhão entre as três Pessoas divinas. Pericorese, de origem grega, remete ao sentido de presença, morada e interpenetração das três Pessoas divinas umas nas outras. Os três divinos "vivem e habitam tão intimamente um no outro, por força do amor, de tal sorte que são um só. É um processo da mais perfeita e da mais intensiva empatia" (Moltmann, 2000, p. 182). Pai, Filho e Espírito Santo não são pessoas isoladas umas das outras. Cada Pessoa divina mora dentro das outras. Elas são tão unidas que são um só Deus.

Comparativamente, na inspiração catecumenal nenhum elemento se dá o direito de ser independente um dos outros. Todas as dimensões da metodologia da inspiração catecumenal são pericoréticas, estão interpenetradas, em profunda relação, a ponto de um elemento carecer de sentido sem o outro. A estrutura da iniciação cristã de inspiração catecumenal é orgânica e unitária, integra várias dimensões da vida cristã. Inúmeras são as expressões pericoréticas da iniciação cristã de inspiração catecumenal: catequese-liturgia, catequese-comunidade, catecúmeno-comunidade, fé-conversão, experiência-sacramentos, tempos-etapas. Visitemos agora alguns elos de algumas das principais características da inspiração catecumenal que fazem a iniciação cristã ser pericorética, trinitária na espiritualidade e na metodologia.

24

a) Catequese-liturgia: simbiose do saber e do sabor

Como primeiro exemplo de pericorese no percurso catecumenal está a ligação catequese-liturgia, as quais não são realidades distantes uma da outra. Há uma interpenetração que faz a catequese ser litúrgica e a liturgia ser catequética. Em uma suposta catequese sem liturgia, Deus se converteria em conceito, dilema que marcou a catequese da era dos catecismos dos séculos passados. Uma liturgia sem ser catequética significaria um amontoado de ritos sem sentido e sem vida. Catequese e liturgia, saber e sabor, são duas faces da relação com o mistério de Deus.

b) Comunidade-iniciação cristã: a participação da comunidade na gestação de novos cristãos

A espiritualidade trinitária na iniciação cristã pode ser experimentada na interconexão catequese-comunidade. Algo que está fora de questionamento no catecumenato dos primeiros séculos do cristianismo e resgatado pela inspiração catecumenal no Vaticano II é a participação ativa, consciente e missionária de toda a comunidade eclesial na formação dos novos cristãos. Não cabia no catecumenato do século II ao V da era cristã a privatização da iniciação a um grupo específico de evangelizadores. Não é unicamente a figura do catequista que inicia outras pessoas na fé, mas toda a comunidade, com seus ministérios, carismas e serviços, sempre guiada pelo Espírito Santo.

Com a comunidade e na comunidade se dão a gestação e o nascimento de novos cristãos. É a comunidade que gera, acolhe e acompanha de forma ativa aqueles que desejam tornar-se cristãos. A comunidade gera novos cristãos, ao mesmo tempo em que se deixa ser renovada por eles. Dentre tantas formas por meio das quais as comunidades dos primeiros séculos acompanharam os seus catecúmenos, destacamos o parecer sobre os candidatos e o jejum da comunidade junto aos catecúmenos.

Dois milênios depois, o Rica resgata a pericorese entre comunidade e iniciação cristã: "o povo de Deus, representado pela Igreja local, sempre compreenda e manifeste que a iniciação dos adultos é algo de seu e interessa a todos os batizados. Por conseguinte, realizando sua vocação apostólica, estará inteiramente disposto a prestar auxílio aos que procuram o Cristo" (Rica, n. 41).

Apesar de tamanha clareza do múnus ministerial de toda comunidade na formação de novos cristãos, o desafio que permanece é avançar sempre mais na conscientização da vocação materna das comunidades eclesiais. Seja na iniciação cristã, seja em outras atividades pastorais, qualquer projeto pastoral fechado em poucas pessoas está fadado ao fracasso. O primeiro ministério de uma comunidade eclesial é a própria comunidade, além do que todos os outros ministérios, carismas e serviços são da comunidade. São exercidos em nome da comunidade, em vista da comunidade maior chamada Reino de Deus.

c) Conversão-Batismo: vida cristã consciente de sua vocação

Outra característica central da dinâmica da iniciação cristã é a profunda simbiose/pericorese entre conversão e Batismo. Trata-se de uma relação vital, talvez uma das mais relevantes da instituição do catecumenato, uma vez que o Batismo não é um rito social, como passou a ser a partir da Cristandade, mas sacramento de vida nova, novo nascimento, decorrente do percurso sincero e autêntico de configuração a Jesus Cristo.

A duração prolongada do catecumenato, que poderia durar anos até que os novos cristãos fossem iniciados na fé, corrobora a seriedade com que se entendia e se assumia a vocação à vida cristã. Foi no período posterior, a partir do advento da Cristandade, que as exigências à conversão se enfraqueceram, quando ser cidadão e ser cristão passaram a ser tratados como sinônimos.

No Rica, o processo de conversão é uma das marcas registradas da iniciação, que pode sutilmente ser percebido em vários momentos, como no não tempo predeterminado para findar o pré-catecumenato, que é o tempo da primeira evangelização, e na disposição do ministério do introdutor, que é o ministério para ajudar a lapidar e a dar os primeiros passos rumo a uma vida nova.

O Rica, ao descrever os objetivos do tempo do pré--catecumenato, convoca à conversão os simpatizantes da vida cristã: "Da evangelização realizada com o auxílio de Deus brotam a fé e a conversão inicial, pelas quais a pessoa se sente chamada do pecado para o mistério do amor de Deus" (Rica, n. 10).

d) Ano litúrgico, centralidade do Mistério Pascal e a unidade dos sacramentos

A centralidade do ano litúrgico, ao redor do qual gira o percurso catecumenal, é o que dá ritmo e ilumina todo o Itinerário da Iniciação Cristã. Há uma organicidade, uma coerência teológica e pastoral entre os temas da catequese e o ano litúrgico. E o ano litúrgico que tem o Mistério Pascal como seu coração pulsante e eixo estruturante. É o Mistério Pascal, Vida, Morte, Ressurreição, envio do Espírito Santo, que justifica a unidade e a sequência sacramental da iniciação: Batismo-Crisma-Eucaristia. Assim como o Mistério Pascal é uma unidade salvífica, do mesmo modo e, decorrente disso, Batismo-Crisma-Eucaristia não são sacramentos isolados, independentes um dos outros; mas, ao contrário, formam uma unidade sacramental.

Bastariam esses rápidos exemplos de pericorese na iniciação cristã para perceber que a espiritualidade trinitária perpassa toda a estrutura da inspiração catecumenal. Por ser a Trindade Santa mistério de comunhão de Pessoas divinas, a estrutura do catecumenato quer ser reflexo dessa comunhão divina.

2

A Santíssima Trindade
e o querigma cristão

O querigma é o anúncio da Boa-nova de Jesus Cristo, e seu conteúdo é trinitário, pois, por meio da boa notícia da salvação realizada em Jesus Cristo o cristão se encontra com o Deus Uno e Trino, Pai, Filho e Espírito Santo. Neste segundo capítulo pretendemos aprofundar a dimensão trinitária do querigma. Anunciar Jesus Cristo é anunciar o mistério do Deus Uno e Trino que em Jesus de Nazaré se tornou transparente e alcançou cada ser humano.

2.1 O primeiro anúncio: começar por Aquele que revela a Santíssima Trindade

No início do percurso evangelizador da iniciação cristã está o anúncio de Jesus Cristo, o anúncio da Boa-nova da Salvação de Deus ofertada em Jesus Cristo. Começar por Jesus Cristo, pelo anúncio querigmático, é parte constitutiva da consciência missionária de que é revestido o itinerário de iniciação à fé denominado inspiração catecumenal. Com a redescoberta da catequese de inspiração catecumenal, fica sempre mais evidente que o anúncio do querigma está na base do percurso iniciático, é tarefa primeira e permanente da Iniciação à Vida Cristã, qual à construção de uma casa que começa necessariamente a ser construída pelo fundamento[2].

---

2. "A palavra querigma tem sua raiz etimológica no termo grego clássico κήρυξ (*kerix*), que já se encontra em Homero. Significa o proclamador, arauto, mensageiro, embaixador. É interessante notar que *kerix* aparece no Novo Testamento só três vezes, em termos muito tardios [1Tm 2,7; 2Tm 1,11; 2Pd 2,5], e a própria palavra κηρυγμα (*kérigma*), com o significado de mensagem proclamada, aparece também muito pouco. Mais precisamente, Paulo usa o termo κηρυγμα (*kérigma*) para indicar a mensagem de Jesus Cristo (Rm 16,25: *Kérigma Iesou Christoú*) por ele proclamada, ou a sua pregação em geral (1Cor 1,21; 2,4; 15,14). De um modo mais formal encontramos esse conceito em 2Tm 2,17 ("o Senhor revestiu-me de força a fim de que a mensagem fosse por mim proclamada e escutada por todos os pagãos") e Tt 1,3 ("Deus que, nos tempos fixados, manifestou a sua palavra numa mensagem que me foi confiada"). Nos evangelhos o termo κηρυγμα (*quérygma*) aparece apenas em Mt 12,41, e em Lc 11,32: são referências à pregação de Jonas em favor de Nínive. Pelo contrário, o verbo *kerusein keryssein* (anunciar, pregar) aparece bem 62 vezes no Novo Testamento: nas cartas de Paulo 19 vezes; 12 em Marcos; 9 em Mateus; 9 em Lucas; 8 nos Atos; e uma vez em 1Pedro e Apocalipse. Em João, Hebreus e Tiago nunca aparece esse verbo. [...] Usando poucas vezes tanto o termo oficial *keryx* (arauto, anunciador) como a própria palavra *kérigma* (mensagem), o Novo Testamento dá preferência ao verbo *kerusein* (*keryssein*): proclamar, anunciar. Isso significa que se quer dar mais valor ao evento eficaz da pregação em si mesma e não tanto à instituição ou pessoas nela envolvidas, como era entendido na linguagem comum" (Lima, 2005, p. 9-10). "Querigma significa pregação, proclamação ou anúncio, e de fato é sinônimo de Evangelho em seu sentido etimológico de boa notícia" (Núcleo..., 2014, p. 30).

O querigma não é deixado de lado ao passar para as etapas posteriores. Ao contrário, ele acompanha todas as etapas, com renovado vigor. Toda a catequese quer ser o aprofundamento do querigma, pois "nada há de mais sólido, mais profundo, mais seguro, mais consistente e mais sábio do que esse anúncio. Toda a formação cristã é, primariamente, o aprofundamento do *querigma* que se vai, cada vez mais e melhor, fazendo carne, que nunca deixa de iluminar a tarefa catequética, e permite compreender adequadamente o sentido de qualquer tema que se desenvolve na catequese" (EG, n. 165). Uma imagem ilustrativa que ajuda a perceber a centralidade do querigma em todas as etapas da iniciação cristã é a imagem do sino: "Se o querigma é a forte badalada do sino, a catequese é o eco da badalada. A catequese prolonga o anúncio querigmático" (Flores, 1991, p. 16).

Contudo, o que precisa ser sempre mais aprofundado e explicitado teológica e pastoralmente é o conteúdo do querigma. A questão parece, à primeira vista, evidente, pois é sabido que querigma é a proclamação de Jesus Cristo, morto e ressuscitado. O conteúdo do querigma é a Vida, Morte e Ressurreição de Jesus Cristo. No centro da fé cristã está o Mistério Pascal. Jesus Cristo é a centralidade do primeiro anúncio, o que na teologia se chama de cristocentrismo, que por sua vez difere radicalmente de cristomonismo, como será visto mais adiante.

Dizer que Jesus Cristo é a centralidade da fé cristã, que Ele é o conteúdo central do querigma, está correto teologicamente, mas ao mesmo tempo urge aprofundar o sentido dessa centralidade (cristocentrismo). Jesus Cristo é o centro da fé cristã porque nele e por Ele Deus Trindade se nos dá a conhecer; isto é, sua Vida, Morte e Ressurreição é a revelação de Deus Uno e Trino. Em cada momento da vida de Jesus de

Nazaré eclode o mistério da Santíssima Trindade. É preciso dizer em bom-tom que a ação missionária catequética começa por Jesus Cristo porque Ele é a revelação plena de Deus Trindade. No encontro pessoal com a Pessoa de Jesus Cristo, o cristão se encontra com o Deus Uno e Trino. Todo encontro pessoal com Jesus Cristo é encontro trinitário. Jesus Cristo é autorrevelação de Deus, pois nele Deus revela a si mesmo, seu mistério, seu plano de amor. Vejamos o que diz a Constituição Dogmática *Dei Verbum*: "Aprouve a Deus, na sua bondade e sabedoria, revelar-se a Si mesmo e dar a conhecer o mistério de sua vontade (cf. Ef 1,9), segundo o qual os homens, por meio de Cristo, Verbo encarnado, têm acesso ao Pai no Espírito Santo e se tornam participantes da natureza divina (cf. Ef 2,18; 2Pd 1,4)" (DV, n. 2). Jesus participa pessoalmente do mistério trinitário. É Ele o Filho eterno, a segunda Pessoa da Santíssima Trindade, de tal forma que encontrar-se com Ele é encontrar-se com Deus Pai, Deus Filho e Deus Espírito Santo. Todavia, é importante dizer que Aquele que após a Ressurreição começou ser o proclamado no anúncio querigmático, Jesus Cristo, não anunciou a si mesmo, não fez de si o centro de sua mensagem, e sim colocou sua vida a serviço do anúncio e da concretização do Reino de Deus, que é o Reino do Pai concretizado pelo Filho na força do Espírito Santo. Nos evangelhos, Jesus sempre aparece descentralizado de si mesmo, ou seja, está sempre em referência ao Pai e ao Espírito Santo.

Começa a ganhar contornos mais claros a diferença entre cristocentrismo e cristomonismo no tocante ao anúncio querigmático de Jesus Cristo. No cristocentrismo a centralidade de Jesus Cristo se deve ao fato de que encontrar-se com Ele é fazer a experiência trinitária de Deus, enquanto que no segundo caso, no cristomonismo, Jesus Cristo estaria solitário, sem a comunhão com Deus Pai e com o Espírito Santo, o que seria a negação do mistério maior da fé cristã. O cristocentrismo difere radicalmente do cristomonismo porque nesse segundo caso Jesus seria "a-trinitário", sozinho, isolado do Pai, sem a companhia do Espírito Santo, e bem sabemos que um Cristo que não conduz ao Pai e que não comunica o Espírito, não é o Jesus Cristo de Nazaré, relatado nos evangelhos.

O primeiro anúncio é o anúncio de Jesus Cristo, em quem e através de quem encontramos Deus Uno e Trino, ou seja, cremos que Jesus é o Senhor, o *Kirios*, e no seu senhorio encontramos Deus Pai, Deus Filho e Deus Espírito Santo. Portanto, dizer que Jesus Cristo é o centro, o coração da vida cristã, nos remete a outra centralidade, que é o mistério Uno e Trino de Deus. Jesus Cristo é o caminho que conduz ao Pai, é a vida que nos coloca em comunhão com a vida trinitária. Jesus é a Verdade que nos revela o que há de mais verdadeiro: Deus é Pai, Filho e Espírito Santo, Deus é comunhão de vida e de amor que circula entre os três eternamente divinos. "O mistério da Santíssima Trindade é o mistério central da fé e da vida cristã" (DGC, n. 99).

O Diretório Geral da Catequese assim se expressa sobre o cristocentrismo e a Trindade: "O cristocentrismo da catequese, em virtude da sua dinâmica interna, conduz à confissão da fé em Deus: Pai, Filho e Espírito Santo. É um cristocentrismo essencialmente trinitário" (DGC, n. 99). Continua o Diretório: "A estrutura interna da catequese; toda modalidade de apresentação será sempre cristocêntrica e trinitária: "Por Cristo, ao Pai, no Espírito" (DGC, n. 100).

É urgente explicitar ao máximo possível que no "começar por Jesus Cristo", isto é, no anúncio querigmático de Jesus

Cristo, existe uma dinâmica trinitária. Com outras palavras, a catequese de inspiração catecumenal tem consciência de sua identidade cristocêntrica trinitária, e é por isso que ao anunciar Jesus Cristo, ao proclamar o querigma, se está ofertando ao catequizando/catecúmeno a possibilidade de fazer uma experiência profundamente trinitária. Para ser fiel a Jesus Cristo, o primeiro anúncio e o percurso da iniciação cristã devem conduzir a uma profunda experiência trinitária de Deus, que pode ser assim sintetizada: no Espírito, o catecúmeno/ catequizando descobre-se filho amado de Deus Pai, filho no Filho. Ser iniciado na vida cristã, portanto, é ser iniciado no mistério maior do cristianismo, que é a existência de um só Deus em três Pessoas. Anunciar o querigma é tirar as sandálias e pedir permissão para entrar e ajudar os catequizandos a entrarem, por Cristo e no Espírito, naquele chão sagrado do mistério de comunhão trinitária que marcou e deu sentido à vida de Jesus de Nazaré.

2.2 O querigma é cristológico e trinitário

A partir das afirmações anteriormente mencionadas, queremos agora aprofundar um pouco melhor as duas partes constitutivas do mistério salvífico revelado e ofertado em Jesus Cristo, inseparáveis entre si, que são a identidade cristológica e trinitária do querigma.

Tradicionalmente se afirma, e com razão, que querigma é o anúncio da Vida, Morte e Ressurreição de Jesus Cristo. Essa é a dimensão cristológica do querigma. Contudo, só tem sentido falar dessa dimensão como conteúdo do querigma a partir da inseparabilidade dessas três realidades da existência de Jesus de Nazaré. Infelizmente, nem sempre a integração

Vida-Morte-Ressurreição de Jesus foi preservada no cristianismo, seja na espiritualidade, na pastoral, na teologia ou em outras áreas do edifício cristão. Exemplo clássico dessa separação dicotômica é a interpretação da morte de Jesus Cristo como vontade de Deus, predestinado a morrer na cruz, como se ela nada tivesse a ver com o modo de vida profética vivida por Ele. Portanto, a afirmação de que o querigma é cristológico só tem sentido se for conservada a unidade na distinção dessas três dimensões de Jesus Cristo, isto é, sua Vida, Morte e Ressurreição.

Do outro lado da mesma face do mistério salvífico, o querigma tem, além dessa dimensão cristológica, sua identidade trinitária. A dimensão cristológica do querigma conduz à dimensão trinitária, ou seja, a unidade inseparável da Vida, Morte e Ressurreição de Jesus Cristo é a porta de entrada, conforme visto anteriormente, que conduz à revelação de Deus Trindade.

O querigma cristão é o anúncio da unidade Vida-Morte--Ressurreição de Jesus, que por sua vez são "lugares" da presença e revelação trinitária de Deus. Na vida de Jesus de Nazaré eclodiu o mistério de Deus Trindade. Na morte do crucificado, o Pai e o Espírito estavam unidos ao Filho. A Ressurreição do Filho glorificado é obra do Pai e do Espírito. Portanto, anunciar a boa notícia da Vida, Morte e Ressurreição de Jesus Cristo é anunciar simultaneamente que Deus é Trindade de Pessoas numa única divindade. Vejamos melhor essas dimensões do conteúdo do querigma, a cristológica e a trinitária, a começar pela dimensão cristológica, a unidade inseparável da Vida--Morte-Ressurreição do Filho de Deus.

2.2.1 Querigma e a inseparabilidade Vida, Morte e Ressurreição de Jesus Cristo

A morte de Jesus de Nazaré não se deu por acaso. Com palavras mais fortes, Jesus não morreu de morte natural. Ele foi morto por consequência de sua vida de doação, amor, profetismo, denúncia, entrega a serviço do Reino de Deus Pai. A cruz é decorrente da covardia humana que matou o Filho de Deus, e ontem e hoje continua fazendo, em todas as partes do mundo, vítimas inocentes.

Por outro lado, a cruz é expressão máxima do amor trinitário do Deus solidário, e não vingança de um suposto Deus "a-trinitário", punitivo que necessita de uma vítima para aplacar sua ira divina. Na cruz se revela o Deus que sofre junto ao seu Filho, e nunca o Deus vingativo, que mandaria seu Filho ao mundo para morrer na cruz como vítima de expiação. Deslocada de sua vida profética nas vielas de Nazaré, a morte de Jesus carece de sentido, e mais do que isso, se torna símbolo de fracasso no seu grau mais profundo. Infelizmente, desde muito cedo, a morte do nazareno recebeu equivocadamente interpretações expiatórias vitimicistas que entendem que Jesus morrera para pagar uma dívida da humanidade para com Deus. Santo Anselmo de Cantuária, da teologia escolástica, é o grande representante da interpretação expiatória da morte de Jesus Cristo. Nessa interpretação, a morte de Jesus foi necessária para aplacar a ira de Deus decorrente do pecado cometido pelo humano (Limbeck, 2016).

A interpretação expiatória da morte de Jesus, impregnada no cristianismo há dezenas de séculos, é um desserviço que obscurece o amor trinitário, fazendo com que o anúncio querigmático perca toda a força do seguimento, além de justificar uma religião de conformismos e de injustiças. Quem mandou

Jesus à cruz foi a crueldade dos líderes religiosos e políticos de seu tempo, que se viram incomodados com a proposta do Reino por Ele anunciado e vivido. Aquele que foi morto, o foi porque anunciou o Reino de Deus Pai, Reino de liberdade, comunhão e fraternidade, Reino da Trindade. Leonardo Boff lembra que "Jesus se tornou um perigo para a ordem estabelecida. Por isso, por todos os modos, procura-se enquadrá-lo dentro de um estatuto legal para motivar sua prisão e um processo" (Boff, 2012, p. 105).

Jesus foi morto na cruz porque viveu trinitariamente em todos os sentidos que essa expressão possui. Sua morte foi consequência de sua atuação histórica, nas vilas do Império Romano, onde anunciou com ações e palavras um mundo de igualdade, liberdade e inclusão. O Deus por Ele anunciado era incompatível com o deus do Império e com o deus dos líderes religiosos da época. A fidelidade ao projeto do Pai, o qual Ele mesmo chamou de Reino de Deus, anunciado e vivido na força do Espírito, lhe custou a vida da forma mais cruel que se possa imaginar. Mas a morte violenta e covarde não foi a última palavra. Deus Pai o ressuscitou na força do Espírito Santo. A Ressurreição de Jesus dá sentido à sua morte e confirma a verdade de sua vida. Assim como sua morte não foi fruto do acaso, sua Ressurreição é decorrente de uma vida vivida a serviço da humanidade, sempre ressuscitando pessoas das mortes sociais e religiosas de que eram vítimas últimas da sociedade de seu tempo.

O Tríduo Pascal, celebrado na Semana Santa, conserva com muita propriedade a unidade do Mistério Pascal, que é o Mistério da Vida-Morte-Ressurreição de Jesus Cristo. Na Quinta-feira Santa celebramos o lava-pés e a instituição da Eucaristia, expressando assim o que foi a vida de Jesus Cristo:

serviço, doação, oferta, entrega. Na Sexta-feira Santa, sua morte, consumação de sua vida de doação, sem esquecer que foi morto porque viveu lavando os pés dos outros. Na vigília do Sábado Santo celebramos a vitória sobre a morte, na certeza de que a covardia no Gólgota não foi a última palavra na vida de Jesus de Nazaré. Tamanho mistério salvífico é celebrado, na Semana Santa, numa única celebração, em três momentos distintos: Quinta-feira Santa, Sexta-feira Santa e Sábado de Aleluia. Separar ou tomar uma das dimensões exclusivamente é tentar desfigurar o conteúdo central do Mistério Pascal.

O que se pode concluir é que separar Vida, Morte e Ressurreição de Jesus significa desfigurar o conteúdo central do querigma. A salvação oferecida por Deus está na totalidade da Vida, Morte e Ressurreição de Jesus. Esse é, portanto, o conteúdo cristológico do querigma. Tomar uma dessas dimensões isoladamente e fazer dela a mensagem exclusiva do cristianismo é um desserviço ao Reino, por entrar pelos caminhos da ideologia religiosa, convertendo Jesus Cristo numa pessoa meramente humana, ou exclusivamente divina; ou num Cristo sem cruz, ou numa visão mágica de sua Ressurreição. Enfim, é macular a identidade do Filho de Deus, verdadeiramente homem e verdadeiramente Deus.

2.2.2 A dimensão trinitária do querigma: a Trindade na Vida, Morte e Ressurreição de Jesus

O conteúdo do querigma tem duas dimensões do mesmo e único mistério salvífico. De um lado, a integração Vida-Morte-Ressurreição de Jesus, conforme visto anteriormente (dimensão cristológica), e de outro lado, a revelação da Santíssima Trindade em sua Vida, Morte e Ressurreição; isto é, as três Pessoas divinas estão presentes e participam a seu modo desses acontecimentos salvíficos de Jesus de Nazaré. Trata-se de dimensão trinitária do querigma. É o que veremos a seguir. Na Vida, Morte e Ressurreição de Jesus Cristo desvela-se a beleza trinitária de Deus. Do mesmo modo que não se pode separar Vida, Morte e Ressurreição, também não se pode separar o Pai e o Espírito da Vida, Morte e Ressurreição do Filho de Deus.

A) *Jesus viveu em tudo trinitariamente*. Tal afirmação deve ser repetida sempre de novo, com novo ardor, pois tudo nele é relação, tudo nele converge para a comunhão com o Pai e com o Espírito. Do início ao fim de sua vida, Jesus manifestou o mistério da Trindade em seus relacionamentos, em suas ações, opções e palavras. Seu nascimento é acontecimento trinitário: é o Espírito Santo, enviado pelo Pai, quem visita Maria para lhe comunicar o mistério da encarnação (cf. Lc 1,26-38).

O Batismo de Jesus, no início de sua vida pública, é um momento de profunda densidade trinitária. Pai, Filho e Espírito Santo estão presentes e envolvidos no que aconteceu nas águas do Jordão. Como atesta o texto sagrado, "logo que saiu da água, viu que os céus se rasgavam e o Espírito, em forma de pomba, descer sobre Ele. A voz vinda do céu dizia: 'Tu és o meu Filho amado, em ti eu me agrado'" (Mc 1,10-11).

No Batismo, Jesus foi ungido pelo Espírito para levar a cabo a missão do profeta de realizador do Reino de Deus. Trata-se de um acontecimento de profunda tomada de consciência de sua condição filial de Deus Pai. A partir dessa experiência vivida no Batismo, cresce sempre mais a consciência de sua relação única com Deus Pai e a presença permanente do Espírito em sua vida e missão. A partir do que sentiu e viveu no Batismo, Ele saiu para anunciar que Deus é Pai, *Abbá* (paizinho).

Seu ministério foi vivido na total fidelidade e obediência de Filho, na força do Espírito da qual Ele é portador. É no Espírito que Ele viveu e agiu do início ao fim de sua missão. É no Espírito que Ele se alegrou pela evangelização dos pobres (cf. Lc 4,18). Os milagres e gestos libertadores foram realizados na força do Espírito e na fidelidade ao Pai. Ao justificar um milagre em dia de sábado, afirma sem titubear: "Meu Pai trabalha até o presente e eu também trabalho" (Jo 5,17).

No modo como Ele acolhia as pessoas, na compaixão e misericórdia pelos mais fragilizados, no anúncio e realização do Reino de Deus; enfim, em cada ação de sua vida eclodiu o mistério de Deus Trindade.

B) *Na morte de Jesus a Trindade se revela*. Todos os momentos da vida de Jesus se realizaram na máxima comunhão com o Pai e com o Espírito Santo, e no Gólgota essa comunhão é de uma densidade inenarrável. O Pai e o Espírito Santo estão na cruz com o Filho, participam ao seu modo desse acontecimento histórico. À cruz do Filho não são indiferentes as outras duas Pessoas da Trindade. Jesus morreu na companhia do Pai e do Espírito Santo. Aquela perfeita comunhão dos três divinos revelada por Jesus Cristo nas poeiras das ruas da Galileia não é desfeita na cruz. Ao contrário, ela parece ser ainda mais intensa nos últimos momentos no calvário. O Pai, presente em cada momento da missão do Filho, não o abandonou na cruz, mas assumiu para si a dor do crucificado; o Pai se entregou junto à entrega do Filho.

O crucificado não morreu órfão de Pai. Na cruz, Pai e Filho estão profundamente unidos na dor e no amor, na entrega e na fidelidade, por isso é permitido dizer que de certa forma o Pai também foi crucificado com seu Filho. Na cruz de Jesus Cristo, para além da covardia humana, se manifestou aquilo que há de mais autêntico e original em Deus. Nela a comunidade Trina se deixou conhecer na sua realidade mais profunda que é comunhão, alteridade, amor, entrega, doação, fidelidade. É no Espírito que o Filho de Deus suportou a dor. Pode-se dizer que na cruz do Filho os três divinos estão crucificados. Segundo as profundas palavras do teólogo espanhol Jon Sobrino (1983, p. 354), "o sofrimento afeta também a Deus. Deus está crucificado"[3]. Por ser amor em plenitude, Pai, Filho e Espírito Santo estão crucificados no amor. Todo amor autêntico sofre com o outro e pelo outro, e na Trindade essa verdade alcança o grau de máxima expressão. Todo amor verdadeiro é entrega, doação, oferta. O Filho se entregou: "O Pai me ama porque dou minha vida para de novo a retomar. Ninguém a tira de mim. Sou eu mesmo que a dou. Tenho o poder de dá-la e o poder de retomá-la" (Jo 10,17-18). "Porque há um só Deus e um só mediador entre Deus e a humanidade, um homem: Cristo Jesus, que se entregou em resgate de todos por nós" (1Tm 2,6).

O Pai entregou seu Filho e se entregou: "Aquele que não poupou o próprio Filho mas o entregou por todos nós, como não nos dará também com Ele todas as coisas?" (Rm 8,32). Ao entregar o Filho, o Pai também se entrega. O Espírito é entregue: "Tudo está consumado!" E, inclinando a cabeça, entregou o espírito" (Jo 19,30b). Enfim, "a 'entrega' dolorosa é o supremo inclinar-se dos Três para o homem: é o sinal 'finito' do despojamento 'infinito' de seu amor por nós" (Forte, 1985, p. 294).

---

3. Outro autor que refletiu profundamente sobre o tema do sofrimento em Deus é Jürgen Moltmann. Vale a pena conferir suas obras, sobretudo *El Dios crucificado: la cruz de Cristo como base y critica de toda teologia cristiana*. Salamanca: Sígueme, 1975.

Nos ritos litúrgicos da iniciação cristã, a cruz aparece em diversos momentos, com destaque no rito de entrada, no momento da assinalação nos sentidos[4]. É urgente avançar na compreensão cristológico-trinitária subjacente à cruz. A cruz é sinal de comunhão e solidariedade entre os três divinos e deles com todos os crucificados da história, por isso ela é salvífica, expressão de amor e fidelidade até as últimas consequências. A cruz aponta para a integração Vida-Morte--Ressurreição de Jesus Cristo. Sem a cruz, o anúncio do Evangelho se torna vazio.

A cruz é um dos elementos centrais, constitutivos do mistério de Cristo e, portanto, do anúncio do querigma. Não a cruz entendida como fatalismo, dolorismo, passividade, conformismo que tanto mal fez ao cristianismo, mas a cruz como expressão de fidelidade e doação plena de um Deus que morre livre e gratuitamente por amor. "A cruz é salvífica porque é expressão do amor e da fidelidade de Jesus ao Pai e aos irmãos (Reinert, 2023, p. 36). Uma vez que a iniciação cristã tem como missão primordial levar o catecúmeno/catequizando ao seguimento e ao discipulado, então aprofundar o sentido da cruz no percurso iniciático não pode ser opcional.

C) *A Trindade na Ressurreição do Filho.* A Sexta-feira Santa, conforme já dito há pouco, não foi a palavra última a respeito do Filho. A vida venceu a morte, e quem o ressusci-

---

4. Após a adesão dos candidatos, lhes são assinalados a fronte e os sentidos com o sinal da cruz. Vale a pena transcrever as palavras pronunciadas aos candidatos no momento da assinalação: "N. e N., Cristo chamou a vocês para serem seus amigos; lembrem-se sempre dele e sejam fiéis em segui-lo! Para isso, vou marcar vocês com o sinal da cruz de Cristo, que é o sinal dos cristãos. Este sinal vai daqui em diante fazer com que vocês se lembrem de Cristo e de seu amor por vocês" (Rica, 83). Continua o Rica: "N., recebe na fronte o sinal da cruz: o próprio Cristo te protege com o sinal de seu amor (ou: de sua vitória). Aprende a conhecê-lo e segui-lo" (Rica, 83).

tou não foi uma energia impessoal, um poder mágico, mas o Deus Pai, Pai de nosso Senhor Jesus Cristo. O Pai ressuscitou seu Filho único na força do Espírito Santo. Pai, Filho e Espírito Santo atuam na obra da ressurreição. A ressurreição é a história das três Pessoas divinas. O Espírito está presente e atuante na ressurreição do Filho, é na força do Espírito que o Cristo foi ressuscitado: "Sofreu a morte em sua carne, mas voltou à vida pelo Espírito" (1Pd 3,18) (Reinert, 2021, p. 92).

A Ressurreição é o sim de Deus ao passado, ao presente e ao futuro de Jesus: sobre o passado no sentido de que sua vida e missão foram atestadas por Deus Pai; o presente porque Ele está vivo, é o Senhor; o futuro porque Ele é o fundamento de toda esperança que virá em sua glória e fará novas todas as coisas (Ap 21,3-6) (Forte, 1985, p. 102).

Ao ser ressuscitado, junto ao Pai, Jesus agora é o doador do Espírito a toda a humanidade. Se na cruz estão presentes os três divinos, na Ressurreição eles manifestam seu poder e vitória, de um lado elevando o Filho à glória, e de outro, enviando o Espírito sobre toda a carne.

Portanto, se é verdade que o querigma tem sua dimensão profundamente cristológica, não é menos verdade que ele possui uma estrutura profundamente trinitária, que pode ser assim sintetizada: a grande novidade, isto é, a Boa-nova proclamada com o querigma primitivo consiste em afirmar que Jesus é o Filho de Deus, o qual foi morto, mas Deus Pai o ressuscitou na força do Espírito, por isso Jesus é o Cristo Senhor. "Na cruz de Jesus estão o Pai, que entrega o Filho, e o Espírito, que jorra do lado de Jesus para a humanidade. Na sua ressurreição, é o Espírito quem atua e revela o desígnio benevolente do Pai ao ressuscitar o Filho" (Lima; Schmitt, 2017, p. 146).

O Mistério Pascal, que é o conteúdo central do querigma cristão, remete a um duplo vínculo salvífico: Vida-Morte-Ressurreição do Filho Jesus Cristo, e ao mesmo tempo o vínculo entre Pai, Filho e Espírito desde a concepção até a ressurreição do Filho de Deus. O querigma é cristológico e, ao mesmo tempo, trinitário. O Papa Francisco, na Exortação Apostólica *Evangelli Gaudium* (EG), apresenta claramente as dimensões cristológico-trinitárias do querigma:

> O querigma é trinitário. É o fogo do Espírito que se dá sob a forma de línguas e nos faz crer em Jesus Cristo, que, com a sua morte e ressurreição, nos revela e comunica a misericórdia infinita do Pai. Na boca do catequista, volta a ressoar sempre o primeiro anúncio: "Jesus Cristo ama-te, deu a sua vida para te salvar, e agora vive contigo todos os dias para te iluminar, fortalecer, libertar" (EG, n. 164).

Com outras palavras, no querigma, o que se anuncia é Cristo, o Filho de Deus feito homem, morto e ressuscitado, que comunica, da parte do Pai, a vida nova no Espírito. Nota-se assim a dimensão trinitária do querigma. Enfim, "a estrutura da salvação é essencialmente trinitária. A iniciativa está no Pai, a realização histórica no Filho, a personalização subjetiva e a universalização é obra do Espírito Santo" (Cardedal, 2022, p. 570).

É oportuno mencionar uma passagem do Rica na qual aparecem textualmente as três Pessoas da Trindade Santa no anúncio do querigma. Vejamos o que diz a introdução, no número 9, ao falar da evangelização e do pré-catecumenato: pré-catecumenato "é o tempo da evangelização em que, com firmeza e confiança, se anuncia o Deus vivo e Jesus Cristo, enviado por Ele para a salvação de todos, a fim de que os não cristãos, cujo coração é aberto pelo Espírito Santo, creiam e se convertam livremente ao Senhor…" Percebe-se que Pai, Filho e Espírito Santo estão em destaque nessa observação introdutória do Rica sobre o tempo da evangelização, o que corrobora que o querigma é cristológico e trinitário.

E por fim, queremos concluir este capítulo trazendo novamente para a reflexão o pensamento do Papa Francisco sobre o conteúdo do querigma. Diz o papa que na boca do catequista deve ressoar sempre a seguinte frase querigmática: "Jesus te ama". Ora, muitas são as certezas de que Jesus Cristo nos ama, e a mais contundente é sua vida doada na cruz para a nossa salvação. Jesus nos ama, sobretudo, porque amor é sua essência. Deus é amor, acertadamente diz São João (1Jo 4,8). Entramos, assim, novamente na dimensão trinitária do querigma, ou seja, Deus é amor porque é Trindade.

> A relação amorosa constitui a vida de Deus, ou seja, o amor é o nome próprio de Deus, e não apenas uma de suas características. Amor é Deus mesmo, é essa realidade dinâmica por meio da qual as Pessoas divinas existem amando-se. As pessoas da Trindade não existem para depois se amarem, mas existem se amando. Em várias passagens bíblicas se pode constatar tal verdade: "O Pai ama o Filho" (Jo 3,35). "Como meu Pai me ama…" (Jo 15,9). "Me amaste antes da criação do mundo" (Jo 17,24). "Este é o meu Filho amado, nele está o meu agrado" (Mt 17,5) (Reinert, 2021, p. 203).

Deus é amor porque o Pai, o Filho e o Espírito Santo eternamente vivem em comunhão amorosa, em movimento dinâmico de doação e entrega mútua.

3

Pai, Filho e Espírito Santo são proclamadores do querigma

Todo cristão, ao experimentar o amor trinitário de Deus, torna-se missionário, anunciador do querigma, proclamador que compartilha a própria experiência realizada com o Deus revelado por Jesus de Nazaré. Contudo, há um movimento anterior a esse despertar missionário, que está na origem de todo posterior anúncio querigmático. Somente é possível alguém fazer a experiência com o Deus de Jesus Cristo e anunciá-lo a outros porque o próprio Deus se revela aos seus. Nessa perspectiva, as três Pessoas da Santíssima Trindade, cada qual ao seu modo, são anunciadoras da Boa-nova da Salvação, dando-se a conhecer, aproximando-se, entregando-se à humanidade, salvando-a.

3.1 Jesus, o proclamador querigmático de Deus

Após termos refletido sobre o sentido cristológico e trinitário do querigma cristão, um passo adiante na reflexão consiste em afirmar Jesus Cristo como o proclamador do querigma de Deus Trindade. Jesus proclamou a boa notícia de Deus Pai e, consequentemente, nos deu a conhecer que o Pai tem um Filho, que por sua vez é o doador do Espírito Santo.

A palavra "querigma" significa proclamação, anúncio, e deriva do termo *kerix*, cujo significado é o mensageiro, o portador, aquele que leva e traz notícias. No cristianismo, o termo passou a significar o anúncio, a Boa-nova feita pelos discípulos sobre o que aconteceu com Jesus de Nazaré: foi morto, mas Deus o ressuscitou. "Cristo morreu por nossos pecados, segundo as Escrituras, que foi sepultado, que ressuscitou ao terceiro dia, segundo as Escrituras, que apareceu a Cefas e depois aos Doze" (1Cor 15,3-6).

> Israelitas, escutai estas palavras: Jesus de Nazaré, homem de quem Deus deu testemunho diante de vós com milagres, prodígios e sinais, que Deus por ele realizou, como vós mesmo o sabeis, depois de ter sido entregue, segundo os desígnios da presciência de Deus, vós o crucificastes e o matastes por mãos de ímpios. Mas Deus o ressuscitou, livrando-o das angústias da morte, pois não era possível que a morte o mantivesse em seu poder (At 2,22-24).

Os discípulos, que num primeiro momento conviveram com Jesus de Nazaré e se deixaram ser surpreendidos pela presença de Deus nele, tornaram-se, após a experiência da ressurreição, anunciadores da vitória de Cristo sobre a morte. A partir da experiência da ressurreição, repletos do Espírito Santo, foram os primeiros proclamadores da Boa-nova da Salvação em Jesus Cristo.

Contudo, antes de Jesus ser o anunciado pelos discípulos, Ele mesmo foi o anunciador, o *kerix* de Deus Pai. Antes de converter-se no proclamado pela fé cristã como o Salvador, o *Kyrios* Jesus de Nazaré foi o proclamador da Boa-nova do Reino de Deus Pai. E ao proclamar Deus Pai, Ele simultaneamente se revela como Filho e comunica a presença do Espírito Santo.

A palavra Evangelho deriva de *evangelium*, que significa Boa-nova; portanto, muito próximo do significado de *kerix*, que é o mensageiro que proclama boa notícia. O próprio Jesus reconhece que Ele foi enviado pelo Espírito para proclamar a Boa-nova aos últimos:

> Abrindo o Livro, deu com a passagem onde se lia: O Espírito do Senhor está sobre mim, porque ele me ungiu para anunciar a boa-nova aos pobres; enviou-me para proclamar aos aprisionados a libertação, aos cegos a recuperação da vida, para pôr em liberdade os oprimidos, e para anunciar um ano da graça do Senhor (Lc 4,17-19).

Dizer que Jesus é o proclamador, o *kerix* de Deus Pai, necessita de um esclarecimento importante: Jesus é o mensageiro, o proclamador da Boa-nova do Pai, sem, contudo, ser associado a mais um dentre tantos outros anunciadores de Deus. Jesus não é mais alguém dentre muitos profetas ou líderes religiosos que falaram da vinda do Messias. Ele é o *kerix* por excelência, porque é a autorrevelação de Deus, o Verbo encarnado do Pai. Suas palavras não são meramente palavras sobre Deus: Ele é a Palavra de Deus tornada carne. Quando chegou a plenitude dos tempos, a Palavra eterna do Pai foi enviada a nós (Gl 4,4). Entre nós, Ele é "a imagem do Deus invisível, o primogênito de toda criatura" (Cl 1,15), quem o vê, vê o Pai. Suas palavras são palavras do Pai, pois

Deus, que outrora falara pelos profetas, tem agora nos falado pelo seu Filho (cf. Hb 1,1). Jesus é o mensageiro por excelência que participa pessoalmente do mistério de Deus. É Ele a segunda Pessoa da Santíssima Trindade. A fé cristã professa que Jesus Cristo é a revelação plena de Deus. Os textos bíblicos não titubeiam ao afirmar que a Palavra do Pai, que é o seu Filho eterno, se fez carne, entrou na história, se fez um de nós, menos no pecado. "No princípio era a Palavra e a Palavra estava com Deus, e a Palavra era Deus. No princípio ela estava com Deus" (Jo 1,1-2). O Filho é a Palavra que o Pai eternamente pronuncia. Desde sempre o Pai tem diante de si o Verbo, o Filho unigênito. Diferentemente de nós, que somos criaturas, o Filho é eternamente gerado pelo Pai, como reza o Credo cristão. A encíclica do Concílio Vaticano II sobre a revelação divina, *Dei Verbum*, sintetiza com muita propriedade a autorrevelação de Deus em Jesus Cristo: "aprouve a Deus, na sua bondade e sabedoria, revelar-se a si mesmo e dar a conhecer o mistério de sua vontade, mediante o qual os homens, por meio de Cristo, Verbo encarnado, têm acesso no Espírito Santo ao Pai e se tornam participantes da natureza divina" (DV, 2). Posto isso, voltemos ao conteúdo da mensagem proclamada por Jesus, o *kerix*, mensageiro de Deus. Afinal, quem é Deus para Jesus? Que Deus Jesus proclama?

3.2 Jesus é o mensageiro, o *kerix* que proclama a boa notícia de que Deus é Pai e tem um Filho

Jesus não proclamou um Deus abstrato, impessoal, sem rosto. O Deus que Jesus de Nazaré anunciou e ao qual deu sua vida foi Deus Pai, *Abbá*, paizinho. O conteúdo central da

mensagem de Jesus é a paternidade de Deus em duplo sentido: Deus é Pai amoroso de todo ser criado, e é de modo único
seu Pai. Comecemos pelo primeiro sentido que é a bondade
de Deus para com toda criatura. Deus é Pai bondoso, que ama
a todos, que oferta gratuitamente seu cuidado a cada um, sobretudo aos mais vulneráveis e não merecedores aos olhos
da religião oficial da época que classificava as pessoas entre
boas e más, dignas e indignas. Diante de uma teologia da re-
tribuição impregnada na religiosidade difundida pelos líderes
religiosos, segundo o qual Deus abençoa os bons e castiga os
maus, Jesus proclama que Deus é gratuito, bom, misericor-
dioso, Pai de todos. Deus é Pai e quer um mundo de irmãos
e irmãs, o Reino de Deus, e nesse Reino só há espaço para
irmandade e fraternidade.

Jesus, o *kerix* do Pai, não anuncia uma teoria sobre Deus.
Anunciou sua bondade, sua gratuidade, sua misericórdia, seu
amor, sua paternidade. Surpreendente é o fato de as primeiras
palavras proferidas por Jesus, segundo o Evangelho escrito
por São Marcos, é que o Reino já chegou, cuja gratuidade
antecipa tudo (Mc 1,14-15).

O outro sentido da paternidade de Deus revelado por Jesus
diz respeito à relação única entre Jesus Cristo e seu Deus, a quem
chamava de Pai, *Abbá*. Jesus revela que Deus é Pai de todos, e
de modo ontológico, é seu Pai. Jesus é Filho de Deus de maneira
ontológica, tem a mesma essência do Pai. Jesus não é qualquer
filho de Deus; é o Filho unigênito, gerado desde sempre.

Muito mais do que ideias religiosas ou conceitos teológicos, Jesus comunicou uma experiência original, única e irrepetível, que é sua relação filial com Deus, a experiência de
sentir-se Filho amado e ungido pelo Espírito Santo. O modo
como Jesus chamava Deus revela essa mais profunda rela-

ção filial. *Abbá*, paizinho, é a expressão preferida de Jesus para dirigir-se a Deus. Trata-se de uma expressão própria das crianças para se dirigir aos seus pais, o que corrobora a profunda intimidade e familiaridade entre Jesus e Deus Pai. Inúmeras são as passagens bíblicas em que Jesus chama Deus de Pai, haja vista que no Evangelho segundo São João existem 141 referências a Deus como Pai. Nesse mesmo Evangelho, Pai é o modo ordinário de Jesus dirigir-se a Deus[5].

O Batismo foi fundamentalmente para Jesus o despertar de sua filial vocação a serviço do Reino de Deus Pai, realizado na força do Espírito. Como nunca até então, Jesus se sentiu Filho amado do Pai. Sentiu como nunca e como ninguém o amor e a misericórdia, o cuidado de Deus, e é essa experiência que doravante Ele irá comunicar a todos. Deus é Pai! É o amor de Deus Pai, e não sua ira, que prevalece e com o qual Ele conduz o universo.

A experiência do Batismo no Jordão foi decisiva nesse processo de discernimento e descoberta de sua filiação divina. O que Jesus vivenciou no Batismo nas águas do Jordão deu direção permanente à sua vida vivida trinitariamente. E assim, Jesus vai descobrindo, sempre com mais clareza, que o projeto do Pai passa por suas mãos, daí a autoridade com que pensa, fala e age. Ele é o embaixador que fala a partir de dentro, de sua experiência pessoal de Filho, a quem o chama de Pai. Portanto, simultânea à revelação que Deus é Pai, Jesus se revela como Filho de Deus. Ao revelar o Pai, se revela como Filho. A boa notícia do cristianismo é que Deus é Pai e tem um Filho. Muitas são as passagens bíblicas em que Jesus se apresenta como Filho[6], bem como muitas são outras passagens

---

5. Estas são algumas passagens: Jo 4,34; 5,19-20; 7,28-29; 8,14-16.
6. Cf. Jo 5,36-37; 6,27; 6,44.57; 8,42; 13,3; 16,17-28.

em que chamam Ele de Filho de Deus[7]. A boa notícia de que Deus é Pai e tem um Filho veio não somente pela boca de Jesus, mas acima de tudo por seu comportamento de Filho. Do mesmo modo que Jesus não anunciou uma teoria sobre a paternidade divina, e sim revelou o amor, a bondade de Deus Pai que faz chover sobres bons e maus, assim também Ele se revelou como Filho não de modo teórico, mas vivendo de fato como Filho, na obediência, na comunhão, na fidelidade a tal ponto de dizer abertamente que não veio fazer a sua vontade, mas a vontade daquele que o enviou (Jo 6,38). Viver como Filho na total disposição ao projeto do Pai foi seu alimento permanente. "Meu alimento é fazer a vontade daquele que me enviou e completar a sua obra" (Jo 4,34). "Meu Pai trabalha até o presente e eu também trabalho" (Jo 5,17). Em tudo Jesus viveu como Filho. Ao revelar o Pai e a si mesmo como Filho, Jesus está proclamando que Ele é nosso irmão maior e que é por Ele que temos acesso ao Pai. "Ninguém vem ao Pai senão por mim" (Jo 14,6). Somos filhos no Filho, pois Ele "é o Filho único" (Jo 3,16), e por Ele participamos da filiação divina. Ele, o Filho único, nos ensina a chamar Deus de Pai: "É assim que haveis de rezar: Pai nosso, que estás nos céus..." (Mt 6,9-15; Lc 11,1-4), pois "há um só Deus e Pai de todos" (Ef 4,6). É o Espírito Santo que une a filiação de Jesus à nossa filiação, pois Ele é o Espírito de adoção (cf. Rm 8,15).

Jesus é o *kerix*, o mensageiro por excelência, porque não anunciou algo fora de si. O que Ele proclamou é resultado de

---

7. Mt 4,3-6; 14,33; 16,16; 26,63; 27,40; 43,54; Mc 1,1; 3,11; 5,7; 14,61; 15,39; Lc 1,35; 4,3; 8,28; 22,70; Jo 3,18; 5,25; 10,36; 19,7; 20,31; At 9,20; Rm 1,4; 2Cor 1,19; Gl 2,20; Ef 4,13; Hb 4,14; 6,6; 1Jo 3,8; 4,15; Ap 2,18. Filho do Altíssimo: Lc 1,32. Filho: Mt 11,27; 24,36; 28,19; Mc 13,32; Lc 10,22; Jo 3,35-36; 5,19-23.26; 6,40; 8,36; 14,13; 1Cor 15,28; Cl 1,13; Hb 1,2; 3,6; 5,8; 7,28; 1Jo 2,22-24; 5,12.

uma experiência pessoal, decorrente da profunda comunhão e relação paterno-filial entre Ele e Deus. O mensageiro está envolvido na Mensagem. O mensageiro é um com a Mensagem. Jesus é o mensageiro de Deus que fala a partir de uma inusitada relação pessoal com Aquele que Ele anuncia. mensageiro e Mensagem estão profundamente unidos; vivem um no outro, com o outro e para o outro, a ponto de Jesus dizer em bom-tom: "Eu e o Pai somos um" (Jo 10,30), "Quem me viu, viu o Pai" (Jo 14,9). Reside aqui o sentido mais profundo de *kerix*, comunicador da Boa-nova. *Kerix*, mensageiro, é Aquele que partilha não uma ideia, uma teoria, mas uma experiência, uma verdade, fruto de um encontro pessoal.

Tão grande verdade, tamanho mistério de nossa fé, lança muitas luzes e também algumas provocações, sobretudo à Iniciação à Vida Cristã. Falar com base na experiência, anunciar com palavras e com a vida, discernir a vontade de Deus no Espírito são algumas das atitudes que fazem o evangelizador ser homem e mulher do querigma, proclamador da Verdade divina. Mais do que ser alguém que domina a doutrina cristã, que possui profundos conhecimentos teológicos, o evangelizador é alguém que transmite sua experiência pessoal de Deus, e com isso ajuda outros a fazerem também a experiência de ser no Filho Jesus filho amado de Deus e irmãos de todos.

Ser iniciado à vida cristã é aprender a viver a cada dia como filhos de Deus. Catequese é lugar de fazer a experiência filial. Lamentavelmente, não são poucas as pessoas que carecem de uma relação filial com Deus, consequência de uma evangelização pautada no medo e nas ameaças. Lamentavelmente, não são poucos, ontem e hoje, os "arautos" da ira divina que propagam uma religião do escrúpulo e do moralismo. Se é verdade que a boca fala da abundância do coração, então conclui-se que elas experimentam Deus muito mais como patrão do que como Pai. As palavras do Apóstolo Paulo já não ressoam em seus corações: "Por que sois filhos, Deus enviou a nossos corações o Espírito de seu Filho que clama *Abbá*. De maneira que já não sou escravo, mas filho e, se filhos, também herdeiros de Deus" (Gl 4,6-7).

À luz da revelação que Jesus faz de Deus, e a partir da revelação paterno-filial entre os dois, a vocação do catequista consiste em proclamar que Deus é Pai; sentir-se filho é sua identidade, e ajudar os catequizandos/catecúmenos a também se sentirem filhos e filhas é sua missão.

3.3 Jesus é o *kerix* que proclama a boa notícia do Espírito Santo

Concomitante e inseparável à boa notícia de que Deus é Pai e que Ele é Filho, Jesus proclamou a presença do Espírito Santo em sua vida. A relação de Jesus com o Espírito Santo, a terceira Pessoa da Santíssima Trindade, não foi menos intensa do que sua relação com Deus Pai. Nada Jesus fazia sem que a presença fecunda do Espírito o movesse e o impulsionasse para a concretização de sua missão. O Espírito Santo esteve presente em todos os momentos do nazareno, desde o nascimento até sua morte e ressurreição. Já no seu nascimento, chama a atenção a atuação do Espírito na concepção virginal de Maria, relatado por Lucas e Mateus (cf. Lc 1,35; Mt 1,18.20). Ela é visitada pelo Espírito, é Ele que descerá sobre Maria, a quem o poder do Altíssimo a cobrirá com a sua sombra (cf. Lc 1,35).

No Batismo, na superação das tentações (cf. Mc 1,12; Mt 4,1; Lc 4,1), na evangelização aos pobres (cf. Lc 4,18-21), na realização de milagres, na transfiguração no Monte Tabor (cf. Lc 9,34), na cruz (cf. Jo 19,30), na ressurreição, em Pentecostes;

enfim, em todos os momentos da vida do nazareno o Espírito Santo foi uma presença inseparável. É importante que se diga que, assim como Ele viveu como Filho, viveu também pneumatologicamente, isto é, cheio do Espírito Santo (Lc 4,14.18). Portanto, Jesus de Nazaré é o mensageiro que revela à humanidade a presença e atuação permanente do Espírito Santo de Deus.

O Espírito que Jesus revelou/proclamou não é outro senão o Espírito de Deus que conduz ao serviço, à renúncia de poder e glória. É o mesmo Espírito que fortaleceu Jesus ao vencer as tentações no deserto, ou melhor, nos desertos de seu ministério de proclamador do Reino de Deus. As tentações enfrentadas por Jesus têm como pano de fundo a proposta de viver sua vocação não a partir do serviço, mas pautada na autopromoção que utiliza de Deus e da religião como caminhos para a busca de benefícios próprios. Não estão longe dessas tentações os cristãos e o cristianismo, cuja identidade proposta pelo Mestre de Nazaré é o amor que lava os pés dos outros.

Jesus revelou o Espírito que coloca em movimento a saída de si rumo à doação generosa da vida. Jesus proclamou a Boa-nova do Espírito Santo que não deixa perdermos nossa identidade, que sempre é identidade do serviço. O cristianismo passa atualmente por profunda crise de identidade, haja vista tantos "cristos" sendo oferecidos a cada dia, para todos os gostos e sabores; haja vista ainda tantos "espíritos" disponíveis no mercado religioso, na espiritualidade de consumo que em nada parece com o Espírito Santo, que é Espírito de Vida (cf. Rm 8,2), Espírito da Verdade (cf. Jo 15,26), Espírito da Graça (cf. Hb 10,29), Espírito de santificação (cf. Rm 1,4).

Na Iniciação à Vida Cristã é cada vez mais urgente trabalhar a identidade do ser cristão. Diante de tal urgência, a catequese de inspiração catecumenal se configura e se estrutura como percurso, na dinâmica da progressividade, onde há tempo para descobrir, responder, amadurecer, aprofundar a Verdade na qual se está sendo iniciado. Daí se entende a atualidade do axioma de Tertuliano, padre da Igreja nascido no século II em Cartago, África, que dizia que "cristãos se tornam, não nascem". O tornar-se aponta para o discernimento, para a apropriação de uma forma de vida, para o dar razões de sua esperança, para a consolidação da identidade. Sem a presença fecunda do Espírito, nenhum projeto de Deus é levado adiante, nem mesmo a beleza do projeto da inspiração catecumenal. Sem a presença do Espírito Santo não se constrói a identidade eclesial. Sem a presença do Espírito não é possível tornar-se cristão.

Como conclusão deste tópico em que refletimos a identidade querigmática da mensagem salvífica anunciada por Jesus Cristo, vale a pena reforçar alguns pensamentos. Jesus proclamou/revelou em sua vida e missão a Trindade Santa. Jesus é o *kerix*, o mensageiro, o revelador do Pai, revelou--se como Filho e nos deu a conhecer o Espírito Santo. Jesus é o *kerix* que proclamou a Boa-nova do Reino da Trindade. A Boa-nova que Jesus anunciou ao mundo, com ações e palavras, é que Deus é comunhão de Pessoas, cujo projeto é instaurar no mundo o Reino da comunhão trinitária, chamado Reino de Deus. O amor experimentado, a bondade e a gratuidade sem limites de Deus Pai derramado sobre sua pessoa, a companhia e a força do Espírito foi o "conteúdo" central da mensagem proclamada por Jesus de Nazaré. Jesus, no Batismo nas águas do Jordão, descobriu uma força, uma presença junto de si, que o envolveu completamente e o impulsionou a ir às pessoas para oferecer gratuitamente o amor do Pai. Essa força é uma Pessoa, e se chama Deus Espírito Santo.

O embaixador, o *kerix* de Deus, veio anunciar que o Reino da Trindade já está presente entre nós, cujos sinais mais evidentes dessa presença são a inclusão, a acolhida, o amor, o perdão, as curas e os milagres. Resulta disso algo muito importante para o cristianismo, que toca de cheio o itinerário da iniciação cristã: assim como há o perigo de uma religião somente do Pai, ou uma religião somente do Filho, ou exclusiva do Espírito[8], há de se ficar atento para que a catequese não entre pelos caminhos de relação unilateral, quase exclusiva com uma das Pessoas do mistério da Santíssima Trindade. Iniciação cristã é iniciação no Deus Trindade de Pessoas. Fundamental nesse processo é a pessoa do catequista, que, a partir de sua espiritualidade trinitária, anunciará e reanunciará em cada tempo o querigma do Deus comunhão de Pessoas. E o anunciará, sobretudo, com sua vida e seu testemunho.

3.4 O Pai é o *kerix* que enviou ao mundo a Boa-nova do Verbo encarnado e do Espírito Santo. As duas mensagens do Pai: Encarnação e Pentecostes

Jesus foi, após a Ressurreição, a Boa-nova proclamada ao mundo. Antes de ser o "conteúdo" central do querigma cristão, Ele fora o anunciador/revelador da Trindade e realizador do Reino de Deus. Jesus é o mensageiro e ao mesmo tempo a Mensagem. Anunciou (Deus Trindade) e foi o anunciado (pelos seguidores de ontem e de hoje). Um passo adiante em nossa reflexão teológica nos conduz a Deus Pai como *kerix* de seu Filho e do Espírito Santo, ou seja, Deus Pai é o men-

---

8. A reflexão teológica tem denominado o esquecimento de uma das Pessoas da Trindade de "monoteísmo a-trinitário"; isto é, uma fé cristã sem ser vivida a partir da comunhão das Pessoas divinas.

sageiro, o *kerix* que proclamou a Boa-nova da Encarnação do Verbo eterno, enviando-o ao mundo não para julgar o mundo, mas para que o mundo seja salvo por Ele (cf. Jo 3,17), e enviou o Espírito Santo para habitar o coração de toda a criação. Dois são, portanto, os envios do Pai: encarnação do Verbo e envio do Espírito Santo. Com isso, fica evidente que não somente Jesus é o mensageiro da Boa-nova. Também o Pai deu ao mundo a boa notícia do Evangelho de Jesus Cristo, seu Filho unigênito. "Mas quando chegou a plenitude dos tempos, Deus enviou seu Filho, nascido de uma mulher e sob a Lei" (Gl 4,4). Com outras palavras bíblicas: "Muitas vezes e de modos diversos Deus falou antigamente a nossos pais pelos profetas. Agora, nos últimos dias, falou-nos pelo Filho que constituiu herdeiro de tudo, por quem criou também o mundo" (Hb 1,1-2). "Ele é a imagem do Deus invisível, o primogênito de toda criatura" (Cl 1,15).

No Evangelho narrado por São João, muitas são as passagens em que Jesus faz menção à sua origem, ou seja, ao seu envio ao mundo por iniciativa de Deus Pai. "Embora eu dê testemunho de mim mesmo, meu testemunho é verdadeiro, pois sei de onde vim e para onde vou" (Jo 8,14); "Saí e venho de Deus. Não vim por mim mesmo" (Jo 8,42); "Aquele que me enviou é verdadeiro, e eu falo ao mundo o que dele ouvi. Quem me enviou está comigo. Não me deixou sozinho, pois faço sempre o que é do seu agrado" (Jo 8,26.29).

Na cena do Batismo de Jesus, novamente o Pai se apresenta como *kerix*, comunicador da boa notícia de sua paternidade e da filiação de Jesus Cristo. Nas águas do Jordão emerge a beleza da relação Pai-Filho, revelado por Deus Pai. "E do céu veio uma voz que dizia: 'Este é o meu Filho amado, de quem eu me agrado'" (Mt 3,17). A voz ouvida é a voz de

Deus; portanto, o Pai revela ao mundo que Ele tem um Filho, e Ele está entre nós.

A mesma revelação se repete na cena da transfiguração, no Monte Tabor (cf. Mt 17,1-13; Mc 9,1-12; Lc 9,28-36). Trata-se de outro momento de profunda revelação da relação paterno-filial, ou seja, novamente Deus proclama que Jesus é seu Filho: "uma nuvem brilhante os envolveu e da nuvem se fez ouvir uma voz que dizia: 'Este é o meu Filho amado, de quem eu me agrado, escutai-o'" (Mt 17,5). É importante observar que o Pai, ao proclamar a boa notícia de seu Filho, tem junto de si o Espírito Santo, representado na forma de nuvem, o mesmo símbolo presente por ocasião da visita a Maria no momento de sua concepção: "O Espírito Santo virá sobre ti e o poder do Altíssimo te cobrirá com sua sombra" (Lc 1,35). Também lá, Deus Pai, por meio do Espírito, anunciou a Maria que Ele tem um Filho, o Verbo. O mesmo Espírito que visitou Maria por ocasião da encarnação do Verbo, que acompanhou Jesus Cristo em todo o seu ministério, em Pentecostes, é enviado pelo Pai e pelo Filho a toda a humanidade em Pentecostes.

O Pai é o *kerix* do Filho, Aquele que enviou seu unigênito, e é igualmente o *kerix*, o mensageiro do Espírito, ao enviá-lo ao mundo para fazer morada no humano. A Carta aos Gálatas assim se expressa sobre o mistério do envio do Espírito Santo: "Porque sois filhos, Deus enviou a nossos corações o Espírito de seu Filho que clama: '*Abbá*, Pai'" (Gl 4,6; cf. Jo 15,26; 10,22).

O que estamos procurando explicitar é a misteriosa e salvífica realidade de que, antes de Jesus anunciar que Deus é Pai e, consequentemente que Ele é Filho de Deus, é Deus Pai mesmo quem se apresenta como *kerix* que enviou e revelou seu Filho Jesus Cristo para comunicar seu amor à humanidade e salvá-la.

3.5 O Espírito Santo é mensageiro mistagogo

Recapitulando o caminho percorrido até o momento, com relação à dinâmica querigmática inerente a cada uma das Pessoas da Santíssima Trindade, podemos dizer que no plano salvífico trinitário o Pai é o proclamador do Filho, enviando-o ao mundo. O Filho, por sua vez, proclamou ao mundo o Reino de Deus Pai, revelou o Espírito Santo, e ao fazê-lo, revelou-se como Filho.

No mistério das relações trinitárias e do seu projeto salvífico, o Espírito Santo também se apresenta como proclamador, *kerix*, mensageiro do Pai e do Filho, no sentido de que é no Espírito que professamos que Jesus é o Senhor. "Ninguém pode dizer Jesus é o Senhor senão no Espírito" (1Cor 12,3). É no Espírito que o ser humano se abre ao Reino e ao Deus do Reino. É no Espírito que o humano participa da filiação divina, isto é, da condição de filho adotivo. "Deus enviou a nossos corações o Espírito de seu Filho que clama '*Abbá*, Pai'. De maneira que já não és escravo, mas filho, e, se filho, também herdeiro de Deus" (Gl 4,6-7).

Além de ser Aquele que anunciou a Maria o Mistério da Encarnação, tornando-a possível, o Espírito é igualmente Aquele que conduz ao Pai pelo Filho. Em outras palavras, o Espírito abre os corações para que a resposta à Boa-nova da Salvação de Deus se concretize. Há, contudo, uma peculiaridade no modo de o Espírito ser *kerix*, mensageiro. Para melhor entender esse modo é preciso avançar na reflexão sobre sua função e sua identidade.

3.5.1 Espírito Santo é o mistagogo do Pai e do Filho

A última etapa do itinerário da Iniciação à Vida Cristã recebe o nome de mistagogia. É o trecho da caminhada percorrido após a recepção dos sacramentos da iniciação, cujo objetivo é progredir "no conhecimento mais profundo do Mistério Pascal e na sua vivência cada vez maior" (Rica, n. 37).

Para além de um tempo específico chamado mistagogia, é importante enfatizar que todo o itinerário da iniciação cristã é mistagógico, ou seja, vivencial, místico, espiritual, celebrativo, o que significa dizer que a mistagogia, no sentido mais amplo do termo, remete à identidade mesma da inspiração catecumenal, sem ser, portanto, permitido reduzi-la a uma das quatro etapas do percurso da iniciação. Dito diferente, mistagogia, para além de um período do percurso catecumenal, é uma eclesiologia, uma mística, um jeito de iniciar na fé, ou, em uma palavra, é a alma da inspiração catecumenal e a identidade de todos que se colocam a serviço da iniciação.

Etimologicamente, "mistagogia" tem o sentido de conduzir ao mistério, que é, na verdade, o objetivo primordial da Iniciação à Vida Cristã. Iniciação é condução progressiva, catequética, celebrativa, pessoal e comunitária, existencial e sacramental ao Mistério do Deus Uno e Trino. A mistagogia enquanto espiritualidade se faz presente do início ao fim do percurso catecumenal, desde a primeira até a última etapa da iniciação, passando pelos ritos celebrativos e por tudo aquilo que de belo está proposto no Rica.

Posto isso, algumas perguntas se fazem fundamentais na tarefa de elucidar o modo como o Espírito é mistagogo: se mistagogia tem o sentido de conduzir ao mistério, assim como é verdade que em cada momento do itinerário catecumenal há uma força maior que impulsiona ao mergulho no mistério que é Deus, há de se perguntar, então, quem está por detrás desse movimento mistagógico de condução ao mistério divino? Quem é o mistagogo por excelência, sem o qual não há Iniciação à Vida Cristã? Quem é aquela força pessoal sem a qual não há alteridade, encontro, abertura, saída em direção ao outro e ao grande outro? Não pode haver outra resposta senão o Espírito Santo.

Taborda, renomado teólogo jesuíta, em seu livro *Nas fontes da vida cristã,* apresenta uma definição de mistagogia muito oportuna que, aplicada à Iniciação à Vida Cristã, é fundamental para captar a identidade e missão do Espírito no processo iniciático. Diz o autor: "A mistagogia é a ação do Espírito que nos introduz no mistério de Deus, pois 'o que está em Deus, ninguém o conhece senão o Espírito de Deus' (1Cor 2,11). Ela tem caráter vivencial: é iniciação ao seguimento de Jesus. Sua meta, porém, é levar ao Pai, 'para que Deus seja tudo em todos'" (Taborda, 2011, p. 11).

O Espírito Santo é o mistagogo por excelência porque sua missão e identidade no plano da salvação é conduzir, unir, ligar, gerar encontro, ser ponte, e nisso consiste o genuíno sentido de mistagogia. Ele é Aquele que liga, une, estabelece contato entre Deus e a humanidade e entre a humanidade e Deus. É graças ao Espírito Santo e somente nele que podemos professar a fé no Cristo Senhor. Muitas são as passagens bíblicas que revelam a identidade mistagógica do Espírito: o Espírito tudo investiga (1Cor 2,10). O Espírito guia na verdade (cf. Jo 16,13); dá testemunho de Jesus (cf. Jo 15,26); intercede por nós diante de Deus com gemidos (cf. Rm 8,26); Ele "tudo investiga, até as profundezas de Deus" (1Cor 2,10). Ele derrama o amor de Deus em nosso coração (cf. Rm 5,5). Em todas essas citações se percebe o Espírito a serviço do encontro. Ele é o mistagogo por excelência que une todas as coisas. Na Iniciação à Vida Cristã o Espírito é o protagonista, o mistagogo por excelência. É nele que acontece a iniciação. É o que veremos a seguir.

3.5.2 O protagonismo do Espírito Santo na Iniciação à Vida Cristã

Iniciação cristã é iniciação no Deus Uno e Trino. A catequese ou é trinitária ou então não pode se dizer cristã. Ser iniciado na vida cristã é participar da comunhão de amor entre o Pai, o Filho e o Espírito Santo. A partir do que foi refletido no item anterior sobre a identidade mistagógica do Espírito (ser ponte), queremos agora dizer uma palavra sobre a função e identidade do Espírito Santo especificamente na Iniciação à Vida Cristã. Quem é e o que faz o Espírito Santo na iniciação cristã? Algumas tentativas de respostas apontam para as seguintes reflexões: todo o itinerário da iniciação cristã acontece no Espírito. Ele é o Ambiente no qual o iniciando é iniciado. Observa-se que usamos a palavra "Ambiente" em maiúsculo, no intuito de evidenciar a pessoalidade do Espírito, ou seja, afirmar que Ele é o Ambiente significa afirmar que Ele tem uma identidade, uma personalidade. O Espírito é uma Pessoa divina, tão divina quanto o Pai e o Filho. Ser Pessoa-Ambiente significa dizer que gerar encontro, ser Espaço onde acontece o encontro, é sua missão. "O Espírito é o ambiente divino em que todas as criaturas comungam umas com as outras, é óleo e laço, união da biodiversidade do universo" (Susin, 2010, p. 39-40). Na iniciação cristã, dizer que o Espírito Santo é Pessoa-Ambiente significa dizer que Ele é o protagonista da iniciação. É nele que as pessoas recebem e se abrem à acolhida do anúncio do querigma. Sem a presença do Espírito Santo, o primeiro anúncio não ecoa, não faz eco no coração do catequizando/catecúmeno. É no Espírito que acontece o despertar à fé, o apaixonamento, a conversão, o seguimento, o discipulado. Em uma palavra, é no Espírito que acontece a Iniciação à Vida Cristã.

O Espírito é a Pessoa divina que une o catequizando à comunidade e a comunidade ao catequizando. A beleza da entrada de novos fiéis à comunidade acontece no Espírito. É no Espírito que a comunidade se abre para acolher os novos membros que estão sendo gerados para a vida cristã. A pouca abertura nas comunidades eclesiais para acolher os novos irmãos e irmãs é sintoma de anemia espiritual, fechamento ao dom do Espírito. Por outro lado, quando a comunidade se abre ao projeto da iniciação, em tudo aquilo que essa abertura significa, ela está se abrindo ao Espírito. Há diversidade de pessoas, mas um só é o Espírito. Há uma diversidade de iniciandos, com sua história e suas particularidades, mas uma só é a iniciação cristã, um só é o Cristo, um só é o Espírito. É no Espírito que se dá a beleza da comunhão na diferença, que enriquece o projeto do Reino. Cada catequizando/catecúmeno traz consigo sua marca, sua identidade, sua cultura, o que faz de cada um deles único em sua individualidade. Tudo isso enobrece a beleza da vida cristã, na diversidade de membros formando um único corpo (cf. 1Cor 12,12). Na iniciação cristã, o Espírito gera comunhão e unidade, na diversidade de pessoas com suas culturas próprias. Diferentemente de sociedade, onde as relações são funcionais e impessoais, na comunidade eclesial prevalece a comunhão, o comungar dos mesmos objetivos, o tornar-se um só Corpo em Cristo, com muitos membros (cf. Rm 12,4), onde "há diversidades de dons, mas o Espírito é o mesmo" (cf. 1Cor 12,4). Enfim, o Espírito é o elo que estabelece por pura graça todos os encontros constitutivos da iniciação, sem os quais não se dá o encontro maior que é o encontro com o Deus Trino e Uno.

Ser iniciado é entrar (in) para dentro do mistério de Deus e de sua Igreja, e não se entra nesses "lugares" sagrados por capricho pessoal, mas por graça, por dom divino.

Já fizemos menção à célebre frase de Tertuliano, segundo o qual "cristãos não nascem, e sim se tornam", que chamava a atenção para a realidade cultural e religiosa da época, onde ser cristão não era tarefa automática, cultural, como aconteceria mais tarde, a partir do século V, mas sim resultado de um longo itinerário de iniciação à fé, denominado catecumenato. O Papa Bento XVI é autor de uma pertinente reflexão sobre o tornar-se cristão, que remete à frase de Tertuliano. Nas palavras de Bento,

> não sou eu que me faço cristão, mas eu sou assumido por Deus, guiado pela mão por Deus. [...] Do mesmo modo como não sou eu que me faço viver a mim mesmo, mas é a vida que me foi dada; nasci não porque me fiz homem, mas nasci porque o ser homem me foi doado. Assim também o ser cristão me é doado, é um passivo para mim, que se torna um ativo na nossa, na minha vida (Papa Bento XVI, 2012).

A reflexão de Bento XVI coloca em relevo a graça de Deus na qual nos tornamos cristãos. Em Hb 10,29, Graça é outro nome do Espírito. Confiar na graça, confiar no Espírito e abrir-se a Ele significa cultivar a espiritualidade trinitária, que por sua vez é a base para não cair nas armadilhas da autorreferencialidade.

4

A Santíssima Trindade nos ritos litúrgicos da Iniciação à Vida Cristã

A metodologia de inspiração catecumenal traz em sua gênese, dentre tantos outros elementos, a riqueza dos ritos litúrgicos, na íntima relação entre catequese e liturgia, que, longe de serem realidades separadas, se complementam e se iluminam reciprocamente. Catequese e liturgia formam uma unidade inseparável. O *Ritual de Iniciação Cristã de Adultos* (Rica), é o livro litúrgico no qual todos os ritos da iniciação se encontram estruturados. Diversas são as celebrações litúrgicas constitutivas do itinerário à vida cristã, além do que a metodologia da inspiração catecumenal permite que a criatividade pastoral pense em outros ritos, sobretudo outras entregas, a partir da religiosidade popular de cada cultura local.

Por crermos que a Santíssima Trindade não é um capítulo a mais no percurso catequético, e sim a identidade mesma da Iniciação à Vida Cristã, então é preciso dizer que também as celebrações e ritos previstos no Rica conduzem a uma profunda experiência trinitária de Deus. Os ritos celebrativos da iniciação cristã são igualmente lugares teológicos da manifestação da Trindade Santa. Uma observação importante na análise trinitária dos ritos da iniciação cristã é que nem sempre as três Pessoas da Santíssima Trindade estão expressas nominalmente nos textos litúrgicos do Rica. Na maior parte das vezes, aparecem o Pai e o Filho nas orações e fórmulas, ou mesmo apenas o Filho, o que não significa a ausência de uma ou de duas Pessoas da Trindade naqueles ritos, pois no mistério da salvação e da revelação de Deus a Trindade age sempre conjuntamente, salvaguardado o que é missão específica de cada Pessoa. Partindo desse pressuposto teológico, isto é, da inseparabilidade dos três divinos no plano salvífico, daremos maior destaque, por questões metodológicas, às fórmulas e textos dos ritos da iniciação em que aparecem textualmente o Pai, o Filho e o Espírito Santo juntos. Iniciemos pela celebração de entrada no catecumenato.

4.1 Celebração de entrada ou admissão no catecumenato

A celebração de entrada no catecumenato é composta por dois grandes momentos, que consistem na admissão dos candidatos[9], realizada fora ou na porta da igreja, e a liturgia da Palavra, dentro da igreja. Um dos momentos profundamente denso de significado teológico é a assinalação da cruz nos sentidos e a entrega da cruz. Após o diálogo na porta da igreja, os simpatizantes entram na igreja e são assinalados com o sinal da cruz na fronte, nos ouvidos, nos olhos, na boca, no peito e nos ombros. Ao final da assinalação, quem preside, sem tocar nos catecúmenos, faz o sinal da cruz sobre todos de maneira coletiva e diz: "Eu marco vocês com o sinal da cruz: em nome do Pai e do Filho e do Espírito Santo, para que vocês tenham a vida eterna" (Rica, n. 85). A cruz, simultâneo a tantos outros significados, é fundamentalmente invocação à Santíssima Trindade. No início e no término da liturgia cristã, por meio do sinal da cruz sobre o corpo do cristão, a Trindade Santa é invocada. A questão a ser posta é pela real consciência dos cristãos a respeito do significado teológico trinitário da cruz no cristianismo. Há, na cruz, um conteúdo denso de revelação trinitária de Deus. Dito com outros termos, Trindade e cruz são realidades inseparáveis. No coração da Santíssima Trindade está a cruz. A paixão do Filho é acontecimento salvífico trinitário. Não somente o Filho foi crucificado; também o Pai e o Espírito estavam na cruz, crucificados ao seu modo. Contudo, a derrota não tem a última palavra no plano salvífico. O sinal da cruz, se por um lado nos recorda a paixão do Filho, por outro, nos remete à vitória de Cristo sobre a morte, ou melhor, a vitória da Trindade sobre a morte.

---

9. De acordo com o Rica, antes de serem admitidas ao catecumenato, as pessoas vocacionadas à vida cristã são chamadas de candidatas ou simpatizantes. Com a celebração de entrada no catecumenato elas se tornam catecúmenas.

A cruz é sinal do sangue derramado, da vida ceifada que passou vitoriosamente sobre a morte. Na cruz estão registrados o amor e a solidariedade da Trindade para com a humanidade e ao mesmo tempo o triunfo do bem sobre o mal, da esperança sobre toda desesperança, do amor sobre toda forma de ódio e de vingança. Invocar a Santíssima Trindade por meio do sinal da cruz, ser assinalado nos sentidos com o sinal da cruz, remete aos mistérios trinitários dos quais todo cristão é chamado a participar.

Antes de concluir a reflexão sobre a assinalação com o sinal da cruz e a manifestação da Trindade, queremos trazer ao conhecimento do leitor a oração conclusiva da celebração em pauta, ou seja, da entrada no catecumenato. Ela está no número 118 do Rica, no item 7. A oração fala por si no tocante à densidade trinitária da qual ela é revestida. Logo de início se faz menção ao Pai, ao Filho e ao Espírito Santo, com destaque à ação do Filho, ungido pelo Espírito e enviado pelo Pai.

> Senhor Jesus Cristo, que, enviado pelo Pai e ungido pelo Espírito Santo, realizais na sinagoga a predição do profeta, anunciando a liberdade aos cativos e o ano da graça de Deus, nós vos rogamos em favor de vossos servos e servas, que voltam para vós seu coração e seus ouvidos: fazei-os acolher este tempo de graça. Não permaneçam inquietos, nem sigam os desejos da carne, alheios à esperança das promessas e obedecendo ao espírito da incredulidade; mas, ao contrário, crendo em vós, a quem o Pai submeteu todas as coisas e constituiu sobre todos, submetam-se ao Espírito da fé e da graça. Guardando a esperança de sua vocação, alcancem a dignidade de povo sacerdotal e exultem de alegria na nova Jerusalém. Vós que viveis e reinais para sempre. Amém.

4.2 A Palavra do Pai é Jesus Cristo: a entrega da Palavra de Deus e a centralidade da Sagrada Escritura na catequese

É prevista, na celebração de entrada no catecumenato, a entrega do livro da Sagrada Escritura. Depois da homilia, quem preside entrega o livro aos catecúmenos com as seguintes palavras: "Recebe o livro da Palavra de Deus. Que ela seja luz para a tua vida". As perguntas a serem refletidas nos parágrafos a seguir são: Como experimentar Deus Trino nesse momento litúrgico? Onde está a Trindade Santa no rito da entrega do livro sagrado? Palavra de Deus e Sagrada Escritura são a mesma realidade? No intuito de ser fiel ao objetivo deste livro, que quer desde o início refletir a relação entre Trindade Santa e Iniciação à Vida Cristã, urge dizer algo sobre a relação entre Santíssima Trindade, Palavra de Deus e Sagrada Escritura.

A passagem de um estilo de catequese doutrinário, conteudista para uma catequese mistagógica, querigmática, litúrgica e existencial em muito se deve à centralidade da Bíblia no projeto da Iniciação à Vida Cristã. De livro marginal até às vésperas do Vaticano II, ela se converteu em alma da teologia, da pastoral e, sobretudo, da catequese. A Bíblia é o "livro por excelência" da catequese de inspiração catecumenal. Mas, afinal, qual a relação entre Bíblia e Palavra de Deus?

Palavra de Deus e Sagrada Escritura não são realidades opostas, mas nem por isso podem ser assumidas como sinônimo. A Palavra de Deus é, por excelência, o Verbo de Deus encarnado. Em sentido pleno, a Palavra de Deus se refere a Jesus Cristo, que é a autorrevelação de Deus, o Verbo encarnado do Pai, como atesta claramente o Evangelho segundo São João: "No princípio era a Palavra e a Palavra estava com Deus, e a Palavra era Deus" (Jo 1,1).

O Filho é a Palavra que o Pai eternamente pronuncia. Eternamente o Pai tem diante de si o Verbo, seu Filho unigênito. Nunca houve um tempo em que Deus não fosse Pai de seu Filho, o que significa dizer que o Filho é coeterno com o Pai. O Filho é eternamente gerado pelo Pai, da mesma essência do Pai, como reza o Concílio de Niceia, em que o Credo cristão foi dogmatizado:

> Cremos em um só Deus, Pai todo-poderoso, criador de todas as coisas visíveis e invisíveis. E num só Senhor, Jesus Cristo, Filho de Deus, gerado pelo Pai, unigênito, isto é, da essência (*ousia*) do Pai, Deus de Deus, luz de luz, Deus verdadeiro de Deus verdadeiro, gerado, não criado, consubstancial ao Pai, por meio do qual todas as coisas foram feitas, as que estão no céu e as que estão na terra. O qual, por nós homens e por nossa salvação, desceu do céu e se encarnou; fez-se homem, padeceu e ressuscitou no terceiro dia, subiu ao céu e virá para julgar os vivos e os mortos. E no Espírito Santo. Aos que afirmam "Houve um tempo em que não existia", e: "Antes de ser gerado não era", ou diziam que o Filho de Deus foi feito do nada, ou que deriva de outra hipóstase ou essência ou que é mutável ou alterável, a Igreja Católica os anatematiza (Denzinger; Hünermann, 2007, p. 125-126).

Quando chegou a plenitude dos tempos (Gl 4,4), a Palavra eterna se fez carne, entrou na história, se fez um de nós em tudo, menos no pecado. Portanto, a Palavra de Deus é o Filho de Deus, o Verbo eterno que se fez carne. A Sagrada Escritura, por sua vez, é o testemunho escrito da Palavra de Deus que é Jesus Cristo. A Escritura Sagrada é o livro sagrado que narra a história do Filho de Deus que veio a este mundo revelar o rosto do Pai na força do Espírito Santo.

Antes de ser escrita, a mensagem da Sagrada Escritura foi vivenciada e transmitida de geração a geração. Os Livros Sagrados são resultado de uma tradição viva, expressão de uma autêntica experiência do encontro entre o humano e o divino, na Pessoa de Jesus Cristo.

Feitas essas devidas diferenciações entre Palavra de Deus e Sagrada Escritura, pode-se dizer que não é equívoco atribuir à Bíblia a expressão Palavra de Deus, desde que seja mantida a devida diferenciação acima descrita. As Sagradas Escrituras são lugar teológico privilegiado para encontrar-se com a Palavra encarnada de Deus que é Jesus Cristo. Elas são testemunho escrito da revelação de Deus em Jesus de Nazaré, o Verbo encarnado. A *Dei Verbum* afirma categoricamente que a verdade relativa à nossa salvação Deus quis que fosse consignada nas Sagradas Letras (cf. DV, n. 11). A Sagrada Escritura é o testemunho escrito, consignado da Palavra de Deus que é Jesus Cristo.

Por meio das Escrituras o cristão se encontra de maneira privilegiada com a Palavra-Jesus Cristo. Trata-se de uma experiência, um encontro cristológico trinitário. Pela Sagrada Escritura entramos em contato com Jesus Cristo, e por Ele mergulhamos no mistério da Trindade Santa. Em última instância, o que os Livros Sagrados testemunham, a partir da centralidade de Jesus Cristo, é uma história trinitária, história do Pai e do Filho e do Espírito Santo.

As Sagradas Escrituras não são qualquer livro. A fé cristã professa que são livros inspirados por Deus (cf. DV, n. 9). Entra em cena, portanto, nessa rede de manifestações divinas à Pessoa do Espírito Santo. Dessa forma, o círculo trinitário, a presença Trina na Sagrada Escritura, ganha contornos mais claros. Graças ao Espírito Santo, a Sagrada Escritura não possui erros, e é preciso insistir nesse aspecto: não possui erro, não em sentido científico ou historiográfico, mas em sentido do plano da salvação, "em vista de nossa salvação" (cf. DV, n. 11). A verdade da qual a Bíblia é revestida é verdade salvífica; isto é, é a mensagem de salvação nela contida, que está para além dos dados meramente históricos, que não contém erros. A mensagem sem erros é a mensagem da revelação, daí o porquê a *Dei Verbum* principia falando da revelação: "Aprouve a Deus, na sua bondade e sabedoria, revelar-se a si mesmo e dar a conhecer o mistério da sua vontade" (DV, n. 2).

A verdade das Escrituras Sagradas, ou, se preferirmos, o não erro bíblico em vista da salvação, é dom do Espírito Santo, pois foi Ele que inspirou homens e mulheres na missão da escrita, como bem recorda a *Dei Verbum*: "As coisas reveladas por Deus, que se encontram e manifestam na Sagrada Escritura, foram escritas por inspiração do Espírito Santo" (DV, n. 11). O mesmo Espírito Santo que auxilia na escrita, garantindo, assim, a verdade da mensagem, auxilia também na leitura e interpretação dos textos sagrados: "a Sagrada Escritura deve ser lida e interpretada com a ajuda do mesmo Espírito que levou à sua redação [...]" (DV, n. 12).

A conclusão é clara: percebe-se, com esses breves parágrafos, que ao entrar em contato com a Sagrada Escritura o cristão está entrando na casa da Trindade. A Sagrada Escritura, inspirada pelo Espírito, é canal privilegiado para o encontro com a Palavra de Deus que se faz carne em Jesus Cristo, que por sua vez é porta de entrada para o mistério trinitário de Deus.

Dessa forma se entende melhor o porquê de a Bíblia ser o livro primordial na Iniciação à Vida Cristã. A Bíblia é, na Iniciação à Vida Cristã de inspiração catecumenal, o livro central, o texto por excelência, ao passo que todos os manuais, recursos didáticos e dinâmicas estão a serviço do encontro com a Palavra.

É tarefa da iniciação cristã ajudar o iniciando a ler as Escrituras com lente trinitária. Iniciação à Vida Cristã é iniciação no mistério trinitário, cujo acesso tem passagem obrigatória numa nova forma de se relacionar com as Escrituras Sagradas. Mais do que um livro, a Bíblia é lugar teológico, é casa da Trindade, lugar de encontro com as três Pessoas divinas. A beleza do mistério trinitário de Deus brilha com muito mais claridade quando se consegue ler as Escrituras a partir de um olhar trinitário, capaz de enxergar os três divinos em cada acontecimento da vida e missão de Jesus de Nazaré. Nem sempre é tão evidente e simples captar as três Pessoas da Santíssima Trindade nos textos bíblicos: urge treinamento, exercício, espiritualidade trinitária; de qualquer forma, nada disso será possível se efetivamente a Bíblia não for o livro primordial na catequese. Fortalecer uma catequese mais bíblica e narrativa não pode ser opcional quando o que se busca é a iniciação na leitura trinitária das Sagradas Escrituras.

4.3 A entrega do Símbolo (Credo) e a fé na Santíssima Trindade

O rito de entrega do Creio ou Símbolo da fé quer expressar, como o próprio nome sugere, a entrega da fé da Igreja, aquilo que ela tem de mais precioso, seu patrimônio maior e irrenunciável, que é a fé no Deus Pai, Filho e Espírito Santo. É na Igreja e com a Igreja que o cristão recebe e professa a fé em Deus Uno e Trino. Antes de eu crer, nós cremos, antes de eu professar a fé, a Igreja professa a fé (Libanio, 2000).

O conteúdo do Credo cristão é essencialmente trinitário. O Símbolo da fé cristã é a síntese do que de mais essencial a Igreja professa, crê, transmite e sob a qual ela está alicerçada. O Símbolo dos Apóstolos, o Credo, é a síntese da fé cristã, e pode ser assim resumida: creio em Deus que é Pai e Criador, creio no seu único Filho Jesus Cristo, e creio no Espírito Santo consolador. O que a Igreja entrega ao catecúmeno não é um documento, uma mera oração ou uma fórmula dogmática. A entrega do Creio é, simbolicamente, a entrega da origem e meta da Igreja, que "vem da Trindade e para Ela caminha", e nesse intervalo de tempo, entre o ontem e o amanhã escatológico, tem como principal missão testemunhar o amor de Deus Pai revelado por Jesus Cristo na força do Espírito, e se empenhar para que esse amor se torne realidade no hoje da história, na dinâmica do "já e ainda não" do Reino.

O rico processo da elaboração do dogma trinitário, desde os primeiros séculos da era cristã até o século IV, no Concílio de Constantinopla, em 381, confirma o imenso esforço da Igreja em tornar compreensível, ciente da pobreza da razão e da linguagem ante o mistério, aquela experiência fundante do cristianismo: Pai, Filho e Espírito Santo são um só Deus, em três Pessoas. Jesus é o Filho de Deus, e nele atua o Espírito Santo. Deus tem um Filho que se chama Jesus Cristo, o qual foi crucificado, e no Espírito foi glorificado, ressuscitado pelo Pai, e junto ao Pai envia o Espírito Santo para toda a humanidade.

4.3.1 Primeiro o querigma, depois a doutrina: a experiência antecede a elaboração dogmática

Conhecer minimamente o rico, profundo e complexo percurso da elaboração do dogma trinitário é importante para que a nossa profissão de fé cristã no Deus Uno e Trino seja sempre mais consciente. Na formação inicial e permanente de cada cristão, e sobretudo dos catequistas e introdutores, é fundamental que se tenha contato com essa rica história de labor teológico na qual muitas vidas foram dedicadas para compreender e transmitir a fé na Trindade Santa. Foram séculos de escuta do Espírito, de esforço intelectual, até que o Credo cristão fosse elaborado e dogmatizado; isto é, tornado dogma de fé da Igreja. Trata-se de um processo gradual em que cada geração de pensadores cristãos dos primeiros séculos deixou sua contribuição. Contudo, é preciso dizer em alto e bom-tom que o desembocar no dogma da Santíssima Trindade é resultado de um primeiro amor, de uma experiência primeira, que foi o encontro dos apóstolos com Jesus de Nazaré, e nele foram surpreendidos com a presença de Deus Filho, Deus Pai e Deus Espírito Santo. Com outras palavras, na origem e no fundamento da fé na Trindade Santa não está a especulação teológica, mas a experiência, o encontro pessoal com Jesus Cristo.

Primeiro veio o louvor, o êxtase, o encontro com o Deus Trino e Uno, depois a sistematização teológico-doutrinal. No início está a surpresa do encontro, o divino espanto:

> Quem é esse a quem até o vento e o mar obedecem?" (Mc 4,41). Somente num segundo momento buscou-se fazer teologia, sempre a partir dessa experiência fundante. Os primeiros cristãos, antes de aprofundar os conceitos teológicos, antes mesmo de chegar às definições dogmáticas, antes de buscar auxílio na linguagem filosófica da época, fizeram a experiência do Mistério revelado em Jesus Cristo. Antes da reflexão e da sistematização da Santíssima Trindade em conceitos e doutrinas houve a experiência, o apaixonamento, a adoração, a admiração, o encanto, o contato com Jesus de Nazaré. No início de tudo "encontra-se fé, a experiência de Deus Uno e Trino que homens e mulheres fizeram em Jesus Cristo, e que Ele próprio fez com seu Pai e com seu companheiro inseparável, o Espírito Santo (Reinert, 2021, p. 137).

Somente num segundo momento os pensadores cristãos, os teólogos do início da era cristã, se empenharam em refletir de maneira mais sistematizada e conceitual o mistério de Deus Uno e Trino. Esse processo de sistematização teológica, até chegar no dogma da Trindade, durou aproximadamente quatro séculos, tendo nos concílios de Niceia (325) e Constantinopla (381) os momentos culminantes de toda essa rica caminhada.

Posto isso, é preciso dizer que as etapas do percurso da Iniciação à Vida Cristã de inspiração catecumenal (pré--catecumenato, catecumenato, purificação e mistagogia) estão em plena sintonia com a caminhada da construção do dogma trinitário. Semelhantemente ao processo da elaboração do dogma da Santíssima Trindade, na iniciação cristã de inspiração catecumenal primeiro vem o anúncio de Jesus Cristo, que gera experiência, apaixonamento (pré-catecumenato); depois vem o tempo da catequese, da doutrina (segunda etapa chamada catecumenato), e assim sucessivamente. Daí se entende melhor a importância do tempo do pré-catecumenato, que é tempo de apaixonamento, de entrar no mistério, de deixar vibrar o coração, de despertar a fé, de encantar-se e reencantar-se. Na Iniciação à Vida Cristã, no início, está o apaixonamento pelo mistério, o desejo de conhecê-lo e amá-lo. Pré-catecumenato é tempo para despertar o primeiro amor, o desejo de conversão, como bem recorda o Rica: "da evangelização realizada com o auxílio de Deus brotam a fé e a conversão inicial, pelas quais a pessoa se sente chamada do pecado para o mistério do amor de Deus" (Rica, n. 10).

Assim como na elaboração dos dogmas da Santíssima Trindade os conceitos vieram posteriormente, também na iniciação cristã a doutrina, a catequese propriamente dita, entra num segundo momento, após o tempo do anúncio querigmático de Jesus Cristo. Na etapa posterior ao pré-catecumenato, entra-se na catequese (catecumenato), que consiste no aprofundamento doutrinal da fé cristã, sempre em perspectiva querigmática e mistagógica, pois "nada é mais sólido, mais profundo, mais seguro, mais consistente e mais sábio que esse anúncio" (EG, n. 165).

A doutrina cristã, a moral, os preceitos, a catequese e tantas outras dimensões, quando não forem acompanhadas da experiência apaixonante do querigma, equivalem à construção de um edifício sem alicerce, do mesmo modo que a elaboração dogmática da Trindade sem a fé no Deus Trino e Uno seria nada mais do que meras teorias e suposições acerca de Deus. Pode-se dizer, portanto, que o caminho trilhado pelos primeiros cristãos no tocante à experiência com o Deus Trino revelado por Jesus e seu posterior desenvolvimento dogmático é referência irrenunciável para o percurso de inspiração catecumenal, organizado em tempos e etapas. Ambas as realidades, o percurso da construção do dogma da Santíssima Trindade e o itinerário de iniciação cristã de inspiração catecumenal, têm como ponto de partida o encontro pessoal com Jesus Cristo, que conduz ao encontro com o Deus Trindade. A partir da experiência única feita com Jesus Cristo, os intelectuais cristãos, nos séculos seguintes, puderam aprofundar racionalmente a fé na Santíssima Trindade. De modo similar, somente haverá iniciados na vida cristã se o momento primeiro do edifício cristão for o encontro pessoal com Jesus Cristo e com a comunidade de fé.

O primeiro encontro, a experiência pessoal com Jesus Cristo, ontem e hoje, em cada época e cultura, é condição necessária para que os conceitos elaborados teologicamente e a doutrina cristã conservem sua vitalidade original e permanente atualidade. Quando inexiste essa experiência fontal, a doutrina vira doutrinalismo e a tradição se torna tradicionalismo.

81

Dito isso, vamos agora conhecer brevemente os principais momentos da elaboração do dogma da Santíssima Trindade. A entrega do Símbolo da fé se torna ainda mais significativa quando se conhece esse belo percurso de aprofundamento teológico do mistério da Santíssima Trindade. Ao receber o Símbolo da fé, pode se dizer que se recebe junto a ele toda essa caminhada vivencial e intelectual da fé no Deus Triúno.

4.3.2 O caminho da construção do dogma trinitário

O caminho percorrido na construção dos dogmas trinitários foi extenso e gradativo, com acertos e erros, marcado por inúmeros embates, por vezes bastante acirrados. Nesse percurso de sistematização doutrinal houve a influência de culturas não cristãs, isto é, a utilização da linguagem e de conceitos helenistas e gregos, bem como tantas outras questões que mostram a complexidade que foi o processo de se aproximar racionalmente do mistério maior da fé cristã. Nesse contexto de intensa busca de intelecção do mistério de Deus, as heresias daquele período não podem ser olhadas com carga de preconceito. Elas são parte inevitável desse rico percurso de clarificação e perene busca do rosto relacional do Deus Uno e Trino.

Nos três primeiros séculos da era cristã, as questões se concentraram preponderantemente nas relações entre o Pai e o Filho, com parcas menções ou definições sobre o Espírito Santo. Dentre tantas contribuições importantes e inúmeros desafios a serem enfrentados, a questão central que pautou as discussões era a relação entre Pai e Filho, Deus e Jesus Cristo. Jesus era Deus ou criatura de Deus? Ele é criado ou gerado? Como conciliar a herança da fé do Antigo Testamento na qual Deus é o único Senhor do céu e da terra com a novidade de

Jesus Cristo, morto e ressuscitado, a quem as comunidades começaram a chamá-lo de Senhor, Filho de Deus? São questões que o Concílio de Niceia (Denzinger; Hünermann, 2007) teve que dar resposta. O principal opositor à fé na divindade de Jesus foi Ário, padre alexandrino do Egito, que dizia que Jesus Cristo era criatura, ainda que superior. O Filho foi gerado não da mesma essência do Pai, e sim de sua vontade. Ário negava a eternidade do Filho. Em suma, no fim das contas, Jesus era criatura de Deus, e não Filho eterno e consubstancial ao Pai.

No Concílio de Niceia, em 325, Ário foi condenado e foi confirmada a doutrina da consubstancialidade do Filho: o Filho é da mesma substância do Pai, é Deus como o Pai é Deus. As principais definições do Concílio de Niceia foram, portanto, a eternidade e a divindade do Verbo. Assim está escrito no Símbolo:

> Cremos em um só Deus, Pai todo-poderoso, criador de todas as coisas visíveis e invisíveis. E num só Senhor, Jesus Cristo, Filho de Deus, gerado pelo Pai, unigênito; isto é, da essência (*ousia*) do Pai, Deus de Deus, luz de luz, Deus verdadeiro de Deus verdadeiro, gerado, não criado, consubstancial ao Pai, por meio do qual todas as coisas foram feitas, as que estão no céu e as que estão na terra. O qual, por nós homens e por nossa salvação, desceu do céu e se encarnou; fez-se homem, padeceu e ressuscitou no terceiro dia, subiu ao céu e virá para julgar os vivos e os mortos. E no Espírito Santo. Aos que afirmam "Houve um tempo em que não existia", e: "Antes de ser gerado não era", ou diziam que o Filho de Deus foi feito do nada, ou que deriva de outra hipóstase ou essência ou que é mutável ou alterável, a Igreja Católica os anatematiza (Denzinger; Hünermann, 2007, p. 125-126).

É preciso assegurar que antes do Concílio de Niceia muitas contribuições foram dadas por pensadores cristãos, como é o caso dos padres apostólicos e os apologistas, como Justino († 165), Irineu de Lião († 202), Tertuliano († 220), Orígenes († 254). É somente mais tarde, no Concílio de Constantinopla, no ano de 381, que entraram em cena as reflexões mais profundas sobre a divindade do Espírito Santo. É também o Espírito Santo divino, igual ao Pai e ao Filho? Estaria Ele subordinado ao Pai e ao Filho? Afirmou o Concílio que o Espírito Santo é "Senhor e fonte de vida, que procede do Pai e com o Pai e o Filho deve ser adorado e glorificado" (DS, n. 150)[10]. Também aqui é importante registrar que de Niceia a Constantinopla, na reflexão sobre o Espírito Santo, tiveram papel fundamental alguns pensadores cristãos: Atanásio de Alexandria († 373), Hilário de Poitiers († 367), Basílio de Cesareia († 379), Gregório Nazianzeno († 390) e Gregório de Nissa († 395).

Após Constantinopla, outras questões cristológicas apareceram, que na verdade tocam a fundo o mistério trinitário, agora relacionadas à relação entre as naturezas divina e

---

10. Assim reza o Símbolo de fé de Constantinopla: "Cremos em um só Deus Pai todo-poderoso, criador do céu e da terra e de todas as coisas visíveis e invisíveis; e em um só Senhor Jesus Cristo, o Filho de Deus, o Unigênito, gerado por seu Pai antes de todas as eras, Luz de Luz, verdadeiro Deus de verdadeiro Deus, gerado, não feito, consubstancial com o Pai, por meio de quem todas as coisas vieram à existência, que por nós, homens, e para nossa salvação desceu dos céus e se encarnou pelo Espírito Santo e pela Virgem Maria e se tornou um homem, e foi crucificado por nós sob Pôncio Pilatos e padeceu e foi sepultado e ressuscitou no terceiro dia de acordo com as Escrituras e subiu aos céus e está sentado à mão direita de Deus Pai e virá novamente com glória para julgar os vivos e os mortos, e não haverá fim para seu reino. E no Espírito Santo, o Senhor e doador da vida, que procede do Pai, que é adorado e glorificado juntamente com o Pai e o Filho, que falou pelos profetas. E em uma Igreja santa, católica e apostólica; confessamos um batismo para perdão dos pecados; esperamos pela ressurreição dos mortos e a vida da era vindoura. Amém".

humana em Jesus Cristo. Como se relacionam na Pessoa do Verbo a natureza humana e divina? Jesus, o Filho de Deus, é mais divino ou mais humano? O Concílio de Calcedônia, 451, na busca de salvaguardar a integridade das duas naturezas do Verbo encarnado, respondeu essas e a outras questões cristológico-trinitárias: "Um e mesmo Filho Nosso Senhor Jesus Cristo é perfeito na divindade e perfeito na humanidade, verdadeiramente Deus e verdadeiramente homem, com alma racional e corpo, consubstancial ao Pai, segundo a divindade, e consubstancial a nós, segundo a humanidade". Como se pode perceber, a caminhada de construção do dogma trinitário é deveras rica e não menos complexa. De um lado houve interpretações equivocadas na busca de conhecer o mistério de Deus Trino e, de outro lado, enormes foram as contribuições, intuições, discernimentos que permitiram mergulhar na realidade trinitária de Deus, plural nas Pessoas e Uno na essência.

4.4 A entrega da Oração do Senhor: aprender a rezar trinitariamente

Outro rito de entrega previsto no Rica é a entrega da Oração do Senhor (Rica, n. 188-192), a qual "desde a Antiguidade é a oração característica dos que recebem no Batismo o espírito de adoção de filhos [...]" (Rica, n. 188). A estrutura ritual é bastante simples, composta por proclamação da Palavra, homilia, entrega da Oração do Senhor, oração sobre os catequizandos/catecúmenos.

A entrega da Oração do Pai-nosso é, naturalmente, o ponto alto do rito; contudo, não se pode deixar passar desapercebido a riqueza trinitária das duas leituras que acompanham a celebração: a primeira leitura é tirada do Profeta Oseias

(Os 11,1b.3-4.8c-9; cf. Rica, n. 86), e a segunda leitura da Carta de São Paulo aos Romanos (Rm 8,14-17.26-27).

Daremos destaque à Carta de São Paulo, a qual transcreveremos a seguir, no intuito de nos deixarmos ser surpreendidos pela beleza das relações entre o Pai, o Filho e o Espírito Santo.

Todos aqueles que se deixam conduzir pelo Espírito de Deus são filhos de Deus. De fato, vós não recebestes um espírito de escravos para recairdes no medo, mas recebestes um espírito de filhos adotivos, no qual todos nós clamamos: *Abbá*, o Pai! O próprio Espírito se une ao nosso espírito para nos atestar que somos filhos de Deus. E, se somos filhos, somos também herdeiros: herdeiros de Deus e co-herdeiros de Cristo; se realmente sofremos com ele, é para sermos também glorificados com ele. Também o Espírito vem em socorro da nossa fraqueza. Pois nós não sabemos o que pedir, nem como pedir; é o próprio Espírito que intercede em nosso favor, com gemidos inefáveis. E aquele que penetra o íntimo dos corações sabe qual é a intenção do Espírito. Pois é sempre segundo Deus que o Espírito intercede em favor dos santos (Rm 8,14-17.26-27).

Sobressai na carta o protagonismo do Espírito Santo em nossa condição de filhos de Deus. É no Espírito, recorda São Paulo, que somos filhos adotivos: "O próprio Espírito se une ao nosso espírito para nos atestar que somos filhos de Deus". O mesmo Espírito vem em nosso socorro para nos ajudar a pedir toda oração cristã, de modo especial na oração do Pai-nosso, que é oração de filhos dirigida ao Pai, no Espírito. São Paulo aos Romanos nos ajuda a melhor perceber que toda oração que o cristão dirige a Deus, seja ela individual ou comunitária, em comunidade ou a sós, é oração trinitária, dirigida ao Pai, pelo Filho, no Espírito Santo.

O cristão reza sempre no "Nós" comunitário de Deus, em comunhão e na presença das três Pessoas do mistério divino, afinal de contas, Deus é um, mas não solidão. Deus é um e simultaneamente é fraternidade, comunhão, comunidade. Toda adoração é adoração à Trindade Santa, assim como toda súplica a Deus é súplica à Santíssima Trindade, dada à natureza inseparável das três Pessoas divinas. Muitas são as passagens bíblicas que mostram textualmente as três Pessoas da Trindade juntas. "A graça do Senhor Jesus Cristo, o amor de Deus e a comunhão do Espírito Santo estejam com todos vós" (2Cor 13,13). "Porque sois filhos, Deus enviou a nossos corações o Espírito de seu Filho que clama: '*Abbá*, Pai'" (Gl 4,6). "Porque por ele, nós, judeus e pagãos, temos acesso junto ao Pai num mesmo Espírito" (Ef 2,18). Bastariam essas passagens para evidenciar que toda oração é, de fato, oração trinitária. Há, além dessas passagens, muitas outras que revelam a inseparabilidade do Pai, Filho e Espírito Santo, bem como a doxologia que conclui as orações eucarísticas da celebração da Eucaristia: "Por Cristo, com Cristo e em Cristo, a Vós, Deus Pai todo-poderoso, na unidade do Espírito Santo, toda a honra e toda a glória, agora e para sempre. Amém". A oração cristã é, portanto, participação na vida trinitária de Deus, é diálogo e aproximação do mistério trinitário.

O mesmo pensamento afirma a *Sacrosanctum Concilium* ao falar da celebração da Eucaristia, a qual é culto trinitário que torna presente a vitória de Cristo sobre a morte e ao mesmo tempo que é ação de graças ao Pai, em seu Filho por virtude do Espírito Santo (cf. SC, n. 6). Fato é que "a oração especificamente cristã sempre se dirige ao Pai, pela mediação do Filho no Espírito Santo, porque não é a oração de um estranho, mas de alguém que está inserido no mistério de Deus e no qual habita Deus por seu Espírito (cf. 1Cor 6,19)"

(*Theologica Latinoamericana*, s.d.). Resulta disso ser parte constitutiva da Iniciação à Vida Cristã iniciar na oração trinitária, ou seja, ensinar o catecúmeno/catequizando a rezar ao Pai, por Cristo, como verdadeiros filhos de Deus, no Espírito. Orar com a consciência trinitária, ciente de que toda oração é oração aos três divinos, é uma arte a ser sempre mais desenvolvida e cultivada, a começar pelos encontros catequéticos.

4.5 A Trindade na oração do Pai-nosso

A oração do Pai-nosso é uma das mais conhecidas e mais rezadas em todo o mundo. Na liturgia, na catequese, nas famílias, na oração pessoal; enfim, em todos os lugares, aqui e acolá, reza-se o Pai-nosso, repetindo as mesmas palavras com as quais Jesus ensinou seus discípulos a dirigirem-se a Deus Pai.

Por vezes, reza-se o Pai-nosso quase que mecanicamente, outras vezes de modo mais meditativo. Fato é que essa oração está na boca e no coração dos cristãos. Belíssimas reflexões já foram escritas sobre a oração do Pai-nosso. Merece destaque a do teólogo Antônio Pagola, que parte do princípio de que, mais que uma oração, o Pai-nosso é o projeto de vida de Jesus (Pagola, 2018).

A partir da intuição de Pagola, nossa intenção é sondar a dimensão trinitária da Oração do Senhor e, consequentemente, lançar luzes para tornar o rito de entrega do Pai-nosso ainda mais relevante no casamento catequese-liturgia na busca da identidade trinitária da iniciação cristã. Se na catequese de inspiração catecumenal tudo converge ao mistério trinitário, qual é então a relação entre a oração do Pai-nosso e a Santíssima Trindade? É o Pai-nosso uma oração trinitária? Refletir o Pai-nosso trinitariamente, isto é, descobrir a face trinitária contida na Oração do Senhor, é o que nos propomos a fazer nos parágrafos a seguir.

Na oração do Pai-nosso há uma densidade trinitária, nem sempre perceptível à primeira vista. O perigo é rezá-la de modo automático, irreflexivo, quando não instrumentalizá-la a serviço de interesses das mais diversas naturezas. O clima da oração do Pai-nosso é trinitário, comunitário, coletivo, pericorético, relacional, marcado por profunda comunhão entre Filho e Pai, na companhia daquele que sempre esteve com Eles, o Espírito. O plural é uma das principais características da oração. Seja na primeira parte da oração, seja na segunda, os verbos e os pronomes estão todos no plural. O Pai é nosso, o pão é para todos, o Reino a vir é nosso, o perdão é compromisso nosso, o livramento do mal é para nós; enfim, o projeto do Reino é plural: pão para todos, perdão para todos, inclusão para todos. Tem razão, portanto, Pagola quando diz que a oração do Pai-nosso é o projeto de vida e missão de Jesus.

O plural da oração do Pai-nosso expressa a vida de Jesus, sempre vivida no "nós", em profunda comunhão com o Pai e com os irmãos e irmãs, no Espírito. No mistério da Trindade não há espaço para nenhuma espécie de individualismo. De igual modo, nada há de intimismo na Oração do Senhor.

Deus é Pai: a primeira ação de Jesus na oração é chamar Deus de Pai. *Abbá*, paizinho, além de ser, segundo os exegetas, expressão original de Jesus, é a primeira palavra dessa oração, o que mostra, já no início da oração, que a relação entre quem reza e a quem é dirigida a oração é de profunda familiaridade: de Filho para Pai. A oração de Jesus é a oração do Filho que conversa confiantemente com seu Pai, e como extensão dessa familiaridade, ensina os seus discípulos a fazerem o mesmo, a também se sentirem, não escravos, mas filhos e herdeiros de Deus (cf. Gl 4,7).

Longe de ser algo casual, chamar Deus de Pai foi uma das marcas característica de Jesus, cuja ousadia chama a atenção dos estudiosos da Bíblia. Diante de um contexto religioso em que não se ousava dirigir-se a Deus de modo tão íntimo, *Abbá*, paizinho na tradução do aramaico, era o modo usual com que Jesus evocava a Deus. Segundo Leonardo Boff (1986, p. 45), "trata-se de algo extremamente íntimo e único, pois Jesus o expressou por uma palavra tirada da simbólica da comunhão familiar. *Abbá*, que na linguagem infantil significava papaizinho. Era na oração, quase sempre feita a sós (cf. Mc 1,35; 6,46; 14,32-42; Lc 3,21; 5,16; 6,12; 9,28; 11,1), que Jesus invocava o seu Pai".

Tamanha inusitada intimidade com Deus deixa transparecer o que Jesus mesmo é: Filho de Deus, Filho unigênito. Enquanto que no Antigo Testamento dirigia-se a Deus a partir de outros atributos, por exemplo, Deus onipotente, Criador, Todo-poderoso, Senhor do céu e da terra, guerreiro, Jesus inaugura outra forma de relacionar-se com Deus, chamando-o de Pai. Jesus pode chamar Deus de Pai não somente porque de fato é Filho, mas porque comportou-se como Filho, vivendo na mais radical obediência, pois veio não para fazer sua vontade, mas a vontade de quem o enviou (cf. Jo 6,38).

O Pai é nosso: ao dizer "Pai nosso", Jesus quer que cada pessoa experimente igualmente a paternidade de Deus, sinta-se também filho, irmãos e irmãs de todos, filhos muito amados de Deus. Nos discípulos de ontem e de hoje a oração do Pai-nosso desperta o sentimento e a certeza de sermos todos filhos e filhas de Deus Pai.

Ao dizer que o Pai é nosso, de todos, Jesus revela o projeto do Reino do qual Ele é o anunciador, o *kerix*, por palavras e ações. No projeto do Reino de Deus só há espaço para irmandade, fraternidade, comunhão, inclusão, perdão. Assim como na Trindade reina eternamente a comunhão, na terra há de reinar a fraternidade universal, o mundo de irmãos e irmãs, que comungam do mesmo pão da irmandade, pois são filhos do mesmo e único Pai. É nessa perspectiva que deve ser entendida a passagem em que Jesus ordena a não chamar ninguém de Pai nesse mundo. "Mas vós, não vos deixeis chamar de mestre, porque um só é vosso mestre, e todos vós sois irmãos. A ninguém chameis de Pai na terra, porque um só é vosso Pai, aquele que está nos céus" (cf. Mt 23,9). Todos nós somos irmãos uns dos outros, nossa relação com os outros é de irmandade.

O Pai está no céus: ao dizer que o Pai está nos céus, Jesus está invocando a transcendência de Deus, e por ser transcendente, Ele está em todo lugar. Não se trata, portanto, de uma espécie de dualismo; Deus lá no céu e nós aqui na terra. A reflexão do teólogo Andrés Torres Queiruga é oportuna nesse sentido. Em diversos de seus livros, o autor reflete a transcendência de Deus, que se dá na máxima imanência, ou seja, Deus é Transcendente e Infinito, que abarca todos as realidades. O Infinito é a possibilidade do finito. O Deus de Jesus Cristo se revela a partir de dentro da história, caminha conosco, sem jamais ser um Deus intervencionista, que age de fora, distante da sua criação (Queiruga, 1995; 1999a; 1999b).

Santificado seja o vosso nome: Deus, que é santo, teve seu nome santificado pelas palavras e ações de seu Filho, Jesus de Nazaré. Jesus tem plena clareza de que a melhor forma de santificar o nome de Deus é colocar-se à disposição do projeto do Pai: "Meu alimento é fazer a vontade daquele que me enviou e completar sua obra" (Jo 4,34). "Porque eu desci do céu não para fazer a minha vontade mas a vontade de quem me enviou" (Jo 6,38).

O nome de Deus foi santificado por Jesus em cada perdão oferecido, em cada milagre realizado, em cada refeição à mesa com os excluídos, em cada enfrentamento diante dos legalistas de plantão; enfim, tudo o que Jesus fazia estava orientado para o projeto do Reino, e em tudo o nome de Deus foi santificado e glorificado. Santificar o nome de Deus é viver como filhos; é deixar que o Espírito aja onde e quando quiser; é entrar na dinâmica de uma vida trinitária.

Venha a nós o vosso reino, seja feita a tua vontade: Jesus não apenas pede a vinda do Reino de Deus. Com a sua pessoa e o seu ministério, o Reino de Deus Pai se fez presente na terra. O noivo está presente (cf. Mt 9,15). Novo tempo foi inaugurado com a pessoa de Jesus: "os cegos veem e os coxos andam, os leprosos ficam limpos e os surdos ouvem, os mortos ressuscitam e os pobres são evangelizados" (Mt 11,5).

O velho mundo das relações excludentes em nome do deus dos fariseus e do legalismo religioso que afastava as pessoas de Deus foi desmascarado por Aquele que viveu em tudo trinitariamente. O primeiro e central anúncio querigmático de Jesus foi que Deus está próximo, aqui, ao alcance de todos; é pura gratuidade. "Completou-se o tempo, e o Reino de Deus está próximo. Convertei-vos e crede no Evangelho" (Mc 1,15).

O Reino de Deus foi a centralidade absoluta da pregação de Jesus. Nele não se entra por mérito, mas por dom. Contudo, o Reino de Deus não está ainda totalmente realizado. Simultâneo à oferta gratuita de Deus, deve estar a resposta humana, a abertura ao Espírito; por isso Jesus pede que o Reino venha, que aconteça de maneira plena, e para isso é preciso que as pessoas se coloquem totalmente à vontade do Pai. Não se trata de um pedir passivo. Jesus clama pela vinda do Reino, mas não sem simultaneamente se colocar ao seu serviço.

Nunca é demais repetir que é na força do Espírito que Jesus torna o Reino de Deus já presente. "Jesus percebeu logo que dele saíra uma força" (Mc 5,30).

Assim na terra como no céu: o Reino de Deus não é somente espiritual, não se atinge apenas na outra vida, no pós--morte. Assim na terra com no céu aponta para a totalidade do Reino, o "já e ainda não", o aqui e o aquém. O Reino de Deus diz respeito igualmente a todas as dimensões da existência humana: religiosa, espiritual, física, psicológica, social, política, afetiva, individual, coletiva etc. Decorrente disso está a compreensão integral de salvação cristã, que não se limita ao espiritual. "Neste ponto da nossa reflexão, poderíamos nos perguntar: o que fica de fora da salvação cristã? E a resposta é: nada! Toda a realidade tem um destino último em Deus, toda ela pode ser mediação salvífica para a humanidade" (Miranda, 2012).

A segunda parte da oração do Pai-nosso continua em plena sintonia com a dinâmica do Reino de Deus Pai. Jesus pede o pão material, necessário para a vida, e simultaneamente pede outros pães igualmente necessários: o pão do perdão, o pão da fidelidade (não cair em tentação), o pão da proteção divina contra os males que abatem a humanidade. O que Jesus pede na oração, Ele mesmo já colocou em andamento em seu ministério reinocêntrico: pede que Deus perdoe nossas ofensas, mas não sem antes fazer as pessoas experimentarem o perdão de Deus. "Nem eu te condeno. Vai, e de agora em diante não peques" (Jo 8,11).

Jesus pede a proteção contra os males, mas não sem antes realizar inúmeros milagres de curas e exorcismos, os quais foram realizados na força do Espírito Santo (cf. Lc 11,20). Jesus pede o pão, mas não sem antes ensinar em que consiste o milagre da partilha (cf. Mc 6,30-44).

Enfim, muito mais se poderia refletir sobre a oração do Pai-nosso. A intenção primordial foi ajudar o leitor a perceber que ela, além de ser o projeto de vida de Jesus, é uma oração trinitária, no conteúdo e na espiritualidade. A entrega do Pai-nosso, longe de ser um mero rito a ser cumprido na catequese, pretende inserir cada vez mais o catecúmeno e o catequizando na filiação divina; quer ser um momento no qual o catecúmeno cresça na consciência de que somos filhos no Filho.

4.6 Unção dos catecúmenos (Rica, n. 130-132)

No tempo do catecumenato, que é o segundo tempo do percurso da iniciação cristã, são previstas as celebrações da Palavra de Deus, e nelas estão incluídos os primeiros exorcismos, as bênçãos e a unção dos catecúmenos. Na continuidade do exercício de um olhar trinitário para os ritos da iniciação, daremos prioridade ao rito da unção, cujo símbolo em destaque é o óleo.

No rito, o óleo é apresentado a todos, e quem preside bendize a Deus pela criação do mundo para nossa habitação, bendize a Deus pela criação da oliveira, cujo fruto é o óleo, e bendize a Deus pelo fortalecimento do povo por meio do óleo. Segue-se, então, com a oração:

> Ó Deus, proteção do vosso povo, que fizestes do óleo, vossa criatura, um sinal de fortaleza: abençoai este óleo e concedei a estes catecúmenos a força, a sabedoria e as virtudes divinas, para que sigam o caminho do Evangelho de Jesus, tornem-se generosos no serviço do reino e, dignos da adoção filial, alegrem-se por terem renascido e viverem em vossa Igreja. Por Cristo, nosso Senhor (Rica, n. 131).

A oração continua assim: "O Cristo lhe dê a sua força simbolizada por este óleo da salvação. Com ele os ungimos no mesmo Cristo, Senhor nosso, que vive e reina para sempre". Amém (Rica, n. 132).

Cada unção, e de modo irrepetível a unção nos sacramentos do Batismo e da Crisma, remete à Trindade Santa, cuja evidência maior é a Pessoa do Espírito Santo, que é simbolizada biblicamente, dentre muitos símbolos, pelo óleo (1Sm 10,1; 16,13; Sl 92,10; 133,2; Am 6,6; Sl 45; Lc 4,18; At 10,38; Hb 1,9). Uma feliz analogia do óleo com o Espírito Santo encontra-se nos Padres da Igreja. Deus Pai é aquele que unge o Filho, o Filho é o ungido pelo Pai, e o Espírito Santo é a unção. Conforme Santo Irineu, em *Adversus Haereses* 3,18,3: "Aliás, é o que indica o seu próprio nome; porque no nome de Cristo está subentendido Aquele que ungiu. Aquele que foi ungido e a própria unção com que foi ungido. Aquele que ungiu é o Pai, Aquele que foi ungido é o Filho, e o foi no Espírito que é a Unção".

Já tivemos a oportunidade, durante o livro, de afirmar que Jesus é o ungido pelo Pai. "Como Deus ungiu Jesus de Nazaré com o Espírito Santo e com poder" (At 10,38). No início do Evangelho de Lucas, Jesus se declara ungido pelo Espírito, quando lê o livro do Profeta Isaías. "O Espírito do Senhor está sobre mim, porque ele me ungiu para anunciar a boa-nova aos pobres [...]" (Lc 4,18).

É sabido que o nome Cristo provém da tradução grega do termo hebraico "Messias", cujo significado é ungido. Daí o nome de cristãos, que são todos aqueles que se colocam no seguimento de Cristo, vivendo como Ele, consagrados ao Pai no Espírito.

4.7 A Trindade no espaço físico dos encontros catequéticos

Do início ao fim de nossa reflexão estamos afirmando que Deus Pai, Filho e Espírito Santo é a identidade primeira, ponto de partida e meta da Iniciação à Vida Cristã. A Trindade Santa não é um conteúdo, dentre tantos outros estudados na catequese, mas sua identidade, a razão de ser do itinerário formativo que visa formar cristãos e cristãs, seguidores e testemunhas do ressuscitado.

Na catequese de inspiração catecumenal, a Trindade se faz experimentar no conteúdo, na metodologia, nos ritos, e não menos intensamente no ambiente físico em que acontecem os encontros catequéticos. O espaço físico nunca é neutro; ele sempre manifesta uma intencionalidade, revela um espírito, desperta uma motivação. O ambiente comunica, fala por si, revela algo, e na catequese não é diferente. "O espaço físico em que se reúne tem um poder de sugestão, exercendo grande influência no processo comunicativo da catequese e gerando disposições interiores que poderão ser favoráveis ou não" (Carmo, 2004, p. 7). É nessa perspectiva que se tem utilizado a expressão "espaço mistagógico" para descrever o ambiente dos encontros catequéticos de inspiração catecumenal. Tal expressão, por si só, comunica a diferença entre o atual e renovado ambiente catequético dos últimos anos, as salas onde acontecem os encontros, com sua metodologia relacional, e o espaço tradicional da catequese, com suas cadeiras enfileiradas, com quadros, giz e tantos outros elementos que fazem lembrar mais um ambiente escolar do que um espaço de iniciação ao mistério de Deus.

A catequese caracterizada pelo paradigma "ensino-apren-dizagem" tinha um ambiente físico e uma metodologia corres-pondentes a tal paradigma: sala, giz, professor, caderno, livro, cadeiras escolares, livro de registro de presença, da mesma forma que o paradigma de inspiração catecumenal mistagó-gico da catequese de nossos dias investe em um espaço físico que lhe dê sustentação. O espaço físico mistagógico da inspi-ração catecumenal é, sem dúvida, um espaço de espiritualida-de trinitária; isto é, traz as marcas da relação, da comunhão, favorece a participação, a celebração, o encontro, a relação com Deus e com os irmãos.

Na iniciação cristã o ambiente físico não é menos im-portante para fazer a experiência do Deus comunhão do que as outras realidades. A questão central, nesse tópico, não é meramente descrever o "como" do espaço mistagógico mas, sobretudo, exercitar-se para ver nele os sinais da Santíssima Trindade, que são sempre sinais de comunhão, diálogo, inclu-são, alteridade. Juntamente a outras dimensões da metodologia da iniciação, o espaço mistagógico quer ser aquele espaço capaz de conduzir ao mistério, elevar os corações ao Pai, ao Filho e ao Espírito Santo, e entre os catequizandos e cate-cúmenos gerar comunhão, encontro, partilha, experiência de fraternidade, relações humanas.

Diferentemente do espaço escolar, no ambiente mistagó-gico de espiritualidade trinitária a composição das cadeiras se dá ao redor da mesa. A mesa ao centro e todos ao seu redor, ou mesmo sem mesa, mas todos em círculo, favorece relações circulares, em que prevalecem a proximidade, a fraternidade, o diálogo, a valorização de cada um e de todos. A disposição das cadeiras em círculo comunica que Deus é relação, comu-nhão de Pessoas divinas.

A ênfase catequética de outrora no giz e no caderno transmite a ideia de que Deus é conceito a ser assimilado intelectualmente. A mera exposição de conteúdo comunica a ideia de que Deus é uma teoria. A ênfase na Bíblia na catequese renovada dos dias de hoje, por sua vez, comunica que Deus é Pessoa divina, que gera encontro, experiência, afeto, amor, seguimento, salvação.

Portanto, a diferença entre o ambiente catequético de outrora e o atual ambiente mistagógico trinitário é nítida: o primeiro, com a escolarização da catequese que prevaleceu, sobretudo durante o segundo milênio da era cristã, induz à memorização dos conteúdos religiosos. Trata-se de uma herança enraizada na cultura religiosa catequética que se apresenta ainda hoje, em não poucos lugares, de difícil superação. Já o atual ambiente mistagógico trinitário quer favorecer o mergulho, a experiência no mistério, o encontro com os irmãos e irmãs em Cristo Jesus.

Em momento algum se quer aqui desvalorizar a pedagogia escolar enquanto tal, ou dizer que a fé não comporta uma dimensão racional, intelectual. O que está sendo questionado é o fato de se utilizar a mesma pedagogia para fins diferentes e com "conteúdos" diferentes. Na Iniciação à Vida Cristã o "conteúdo" primordial é uma Pessoa, ou melhor, Pessoas divinas, Pai, Filho e Espírito Santo. Na Iniciação à Vida Cristã o conteúdo primeiro é Deus e seu plano de amor, revelado em Jesus Cristo.

Em termos trinitários, o ambiente físico da catequese de inspiração catecumenal é espaço pericorético, promotor da individualidade na comunhão, da valorização de cada um e de todos. O catequista, nesse espaço, é mistagogo, aquele que conduz ao mistério, estando ele mesmo em busca de uma sempre mais profunda experiência de Deus.

5

A Trindade e os sacramentos da Iniciação à Vida Cristã

Que os sacramentos da Iniciação à Vida Cristã são centrais no percurso da iniciação à fé cristã não se pode negar, como também não se pode esquecer que por muito tempo essa centralidade se converteu em sacramentalismo. Em contrapartida, a Iniciação à Vida Cristã de inspiração catecumenal rompe com o sacramentalismo que tão fortemente marcou a catequese por séculos consecutivos, até às vésperas do Concílio Vaticano II.

A diferença entre as duas realidades, ou seja, entre a centralidade sacramental e o sacramentalismo, é nítida: na centralidade sacramental, os sacramentos estão situados dentro de uma realidade englobante e totalizante; não são fins em si mesmos, mas caminhos, sinais; por isso sacramentos, que apontam para outra realidade, para o mistério do Deus Uno e Trino revelado em Jesus Cristo. Na Iniciação à Vida Cristã de inspiração catecumenal, os sacramentos são sinais centrais que expressam, conduzem e alimentam nossa relação com o mistério de Deus Uno e Trino. No segundo caso, no sacramentalismo, os sacramentos são concebidos de maneira isolada de outras dimensões da vida cristã; aproximam-se de uma compreensão mágica, em que eles operam por si mesmos, e seu significado se encerra neles mesmos.

Feita essa necessária diferenciação, queremos agora, ao longo deste capítulo, sondar de que modo se manifesta e se faz presente a Trindade Santa nos sacramentos da iniciação cristã, seja na ritualidade dos sacramentos, na compreensão que a Igreja teve deles ao longo da história, seja na realidade unitária dos três sacramentos; enfim, onde e como se pode enxergar a presença trinitária de Deus no Batismo, na Crisma e na Eucaristia.

5.1 A unidade do Mistério Pascal, a inseparabilidade e a sequência dos três sacramentos da iniciação cristã

Os sacramentos da iniciação cristã são uma unidade orgânica e inseparável. Batismo-Crisma-Eucaristia não são três graus sacramentais de iniciação, mas constituem uma única iniciação cristã. Há, junto à inseparabilidade dos três sacramentos da iniciação, uma sequência, uma ordem que é Batismo--Crisma-Eucaristia, cuja "lógica" só é compreensível à luz do Mistério Pascal. O Mistério Pascal remete à profunda unidade de Vida--Morte-Ressurreição-Envio do Espírito Santo. São momentos distintos, mas não separados, como bem recorda Taborda (1988, p. 198): "Impõe-se manter presente tanto a unidade como a diferenciação de aspectos do Mistério Pascal de Cristo. Estes possibilitam explicitar a riqueza de conteúdo do Mistério Pascal: vitória sobre a morte, volta ao Pai (glorificação propriamente dita) e permanência no mundo pela ação do Espírito através da missão".

Continua o autor: "O Mistério Pascal de Cristo é uma unidade complexa, diferenciada. Ele é, sim, uno: passagem de Cristo ao Pai, mas constituído de distintos momentos: morte – vida (ressurreição), volta ao Pai (ascensão), missão no Espírito (Pentecostes)" (Taborda, 1988, p. 198). Os sacramentos da iniciação cristã, por sua vez, são gestos sacramentais que remetem à unidade salvífica do Mistério Pascal. Batismo-Crisma-Eucaristia não são três sacramentos separados, independentes uns dos outros, autônomos, mas ao contrário: sua unidade remete a uma unidade maior, que é a unidade teologal, salvífica, do Mistério Pascal de Cristo. A sequência Batismo-Crisma-Eucaristia, perdida ao longo da

história, bem como a unidade desses três sacramentos, cele-
brados conjuntamente na Vigília Pascal, também perdida ao
longo da história, advém da unidade do Mistério Pascal; isto
é, dos acontecimentos da Vida, Morte, Ressurreição de Jesus
Cristo e do envio do Espírito Santo, que são acontecimentos/
momentos distintos e inseparáveis da realidade salvífica de
Deus Uno e Trino.

Assim como o Mistério Pascal é unidade diferenciada, unidade em momentos distintos, do mesmo modo os sacramentos da iniciação são um todo unificado em gestos distintos e
significativos[11]. Os sacramentos da iniciação cristã enfatizam
aspectos específicos da unidade do Mistério Pascal de Cristo;
isto é, Batismo-Crisma-Eucaristia são uma unidade sacramental, cuja distinção de cada um desses sacramentos faz emergir
aspectos específicos do único e unitário Mistério Pascal. Não
se trata, e é importante que se insista nisso, de três sacramentos
autônomos, independentes, com efeitos salvíficos isolados ou
independentes. Na tríade sacramental, ou seja, no Batismo, na
Crisma, na Eucaristia, o eleito participa do Mistério Pascal mediante o banho batismal (mergulho na Morte e Ressurreição do
Senhor), a Unção (dom do Espírito) e a Eucaristia (participação
do sacrifício do Senhor) (cf. Taborda, 1988, p. 94).

_____

11. "A unidade e distinção de Batismo e Confirmação brota da unidade diferenciada do Mistério Pascal de Cristo. Como o Mistério Pascal, os dois sacramentos constituem um todo de sentido. Sua distinção visa a que apareçam na
visibilidade sacramental da Igreja os diversos aspectos do mistério. Como participação no Mistério Pascal, o Batismo já dá o Espírito Santo e envia à missão.
Mas o gesto simbólico empregado no Batismo (o banho batismal) só visibiliza
a vitória sobre a morte e o pecado, o primeiro momento do Mistério Pascal,
momento básico que, em germe, contém os outros. O gesto simbólico da confirmação visibiliza o aspecto da missão (imposição das mãos), do possessora-
mento por Deus (assinalação), da doação do Espírito para a missão o (unção),
do testemunho (perfume), resumindo-se todos esses aspectos num só: o
dom do Espírito" (Taborda, 1988, p. 199).

Assim, o Batismo enfatiza a morte e novo nascimento, configurando o neófito no corpo de Cristo. A Crisma enfatiza o dom do Espírito (Pentecostes), com o qual o fiel participa da missão profética, sacerdotal e real de Cristo[12]. A Eucaristia recapitula o Batismo e a Crisma, e expressa a participação permanente no Mistério Pascal de Cristo. É a Eucaristia o cume da iniciação cristã. Cada sacramento da iniciação remete aos outros. Batismo remete à Crisma, e os dois remetem à Eucaristia, que culmina na assimilação e configuração do ser humano a Cristo e sua incorporação à Igreja (Lelo, 2017). Nas palavras de Taborda (1988, p. 199),

> também a Eucaristia é sacramento da iniciação. Também ela faz participar do Mistério Pascal, mas distingue-se do Batismo e da Crisma, porque sua expressão significativa evoca outro aspecto: a união com o Mistério Pascal de Cristo, enquanto sacrifício. Partilhando o pão em solidariedade com os irmãos, o cristão festeja a graça de, com Cristo, oferecer cada dia a vida ao Pai pela causa do Reino.

Haveria alguma relação entre a unidade na distinção do Mistério Pascal e a consequente unidade e distinção dos sacramentos da iniciação com o mistério da Santíssima Trindade? Perguntando de forma mais simples, o que há de comum entre o Mistério Pascal de Jesus Cristo e o mistério da Santíssima Trindade? Unidade na distinção, comunhão na pluralidade: essa é a verdade mais íntima do Mistério Pascal, celebrado sacramentalmente no Batismo, na Crisma, na Eucaristia. Essa é igualmente a verdade fundante do mistério da Santíssima

---

12. "A confirmação vincula-nos mais estreitamente ao mistério da Igreja, corpo sacerdotal de Cristo: em sua nova condição de membro ungido, o indivíduo participa mais plenamente da missão da Igreja" (Lelo, 2017, p. 97).

Trindade: um só Deus em três Pessoas, cada uma delas com a sua pessoalidade, sua missão, e todas em profunda comunhão de vida e amor. Três Pessoas e uma única essência, três Pessoas consubstanciais, com a mesma substância, três Pessoas distintas na profunda unidade, que são um só Deus. O Pai somente é Pai estando no Filho e no Espírito, e vice--versa. Cada Pessoa da Trindade vive na outra, com a outra e para a outra. Se fossem três pessoas isoladas seriam três deuses, mas porque estão em profunda e eterna comunhão são um só Deus. Profunda unidade na distinção de Pessoas é outra forma de dizer um só Deus em três Pessoas. Profunda unidade na distinção é outra forma de dizer que Deus é Uno e Trino. Portanto, assim como a Trindade Santa é distinção de Pessoas na mais profunda comunhão, os sacramentos da iniciação são, no seu sentido original, distinção sem separação dos três momentos da unidade salvífica do Mistério Pascal: Morte, Ressureição, Pentecostes.

A seguir, mergulhemos para águas mais profundas na reflexão sobre a relação Batismo-Crisma, para depois refletir sobre a Eucaristia como cume da vida cristã.

5.2 A relação Batismo-Crisma: banho-unção

Olhar para o Batismo é fundamental para entender a Confirmação. Sua sacramentalidade só é compreendida à luz da sacramentalidade do Batismo, e os dois em relação à Eucaristia. No Batismo, a ênfase está na Morte e Ressurreição de Jesus Cristo. A Crisma enfatiza o dom de Pentecostes. Trata--se de relevância e não de exclusividade, ou seja, na Crisma o Espírito ganha relevo primário, "como uma melodia que já ressoa na liturgia do Batismo, mas que na Confirmação é retomada e desenvolvida como tema dominante da sintonia" (Caspani, 2013, p. 361)[13].

O Batismo já dá o espírito e envia à missão, mas a tônica do gesto litúrgico do Batismo quer enfatizar o primeiro aspecto do Mistério Pascal, a participação na Morte e Ressurreição de Cristo, enquanto que o gesto sacramental da Confirmação quer enfatizar a doação do Espírito para a missão (unção, testemunho, perfume). Um sacramento não desvaloriza o outro para ter sentido. A "lógica" sacramental está na ênfase, não na exclusividade.

> O Batismo já é Pentecostes, já dá o Espírito Santo, pois o Espírito Santo é a remissão dos pecados. Mas nem por isso a Crisma se torna supérflua, da mesma forma como a possibilidade de que alguém esteja justificado antes do Batismo, não torna inútil o Batismo; pelo contrário, a prévia adesão a Cristo na fé e numa vida convertida, é pré-requisito para o Batismo (de adultos). Assim também o fato de o cristão já possuir o Espírito Santo pelo Batismo, já estar por ele engajado na missão da Igreja, não exclui a necessidade da Crisma. Antes exige que no sacramento se expresse significativamente esse aspecto do Mistério Pascal (Taborda, 1988, p. 200).

No Batismo se destaca a participação na Morte e Ressurreição de Cristo, e a entrada na comunidade. Na Confirmação, a ênfase está na possessão do Espírito que envia em missão. Dessa forma, Batismo e Crisma estão ordenados um ao outro. Ambos são celebrações do Mistério Pascal a partir de aspectos diferentes, que são Morte, Ressurreição e Pentecostes

---

13. O autor retira a comparação de estilo musical de Regli, *Il sacramento dela confirmazione e lo sviluppo Cristiano*, p. 389.

de Jesus Cristo. Na Eucaristia se reúnem estes dois aspectos: memorial da morte e ressurreição numa Igreja que se refaz, existe pela força do Espírito e que se faz comunhão, sacrifício vivo, e assim nos tornamos um só corpo eucaristizados. Entremos, assim, na Eucaristia, cume da iniciação cristã.

5.2.1 Batizados-crismados para a Eucaristia

Batismo e Crisma marcam o início de uma pertença teológico-eclesial, que se tornará plena por meio da Eucaristia. É a Eucaristia que faz acontecer a plena pertença a Cristo e à Igreja. A incorporação batismal à Igreja está orientada para a incorporação sacramental eucarística.

O Batismo é a primeira incorporação à Igreja. A Crisma aperfeiçoa essa incorporação, e ambos estão orientados para a Eucaristia, com a qual se culmina a caminhada de configuração a Cristo e de incorporação à Igreja (Lelo, 2017, p. 93). O Batismo é a primeira incorporação eclesial a uma Igreja que já é constituída pela Eucaristia, que vive e se alimenta da Eucaristia. A Eucaristia é o alimento da comunidade batismal. A comunidade eclesial, no qual os catecúmenos estão sendo inseridos, é uma comunidade eucarística. É nessa perspectiva que se deve entender o axioma segundo o qual "a Eucaristia faz a Igreja". Pelo Batismo o cristão entra na Igreja, se une a outros fiéis que já vivem da Eucaristia. O "eu creio" professado por cada fiel se situa dentro do "nós cremos" (Libanio, 2000).

O Batismo, primeira incorporação à Igreja, é o sacramento que abre as portas para a plena participação que se dá pela Eucaristia. É a Eucaristia, portanto, o sacramento de constituição da Igreja, e a ela estão direcionados o Batismo e a Crisma. Batizados e crismados para a Eucaristia, o iniciado começa a viver, a partir daí, uma vida eucarística. Eucaristia é o sacramento da vivência permanente da proposta cristã. Por ela, o cristão, ao fazer memória e atualizar o sacrifício existencial de Jesus Cristo, também se oferta ao Pai. Sacrifício, no cristianismo, é a própria vida doada e vivida no seguimento de Jesus Cristo. A Carta aos Hebreus aborda com profunda propriedade o sentido do sacrifício da existência de Jesus Cristo: Jesus se oferece "uma vez por todas" (Hb 7,27; 9,12; 10,1).

A Eucaristia é o sacramento do dia a dia da vida cristã por meio do qual o cristão se entrega com Cristo ao Pai no Espírito. Dito com outras palavras, o Batismo é a primeira e irrepetível participação na morte e ressurreição de Cristo. A Eucaristia, por sua vez, é a permanente participação nesse mistério. Enquanto que o Batismo e a Confirmação realizam um vez apenas a configuração ao Mistério Pascal, a Eucaristia é a permanente e plena participação nele. A Confirmação é o aperfeiçoamento e prolongamento do Batismo, ou seja, faz o batizado avançar pelos caminhos da iniciação, com o dom do Espírito, capacitando-o a viver os compromissos do Mistério Pascal, compromissos esses sempre rememorados e atualizados na Eucaristia (cf. Lelo, 2017).

Ela é o sacramento permanente da vida cristã porque nela e por ela cada batizado se oferta como hóstia viva, sacrifício vivo. Daí a dupla epíclese da oração eucarística, ou seja, a invocação do Espírito Santo sobre o pão e vinho para que se tornem Corpo e Sangue de Jesus Cristo, e a invocação do Espírito Santo sobre a assembleia celebrante para que se torne o corpo eclesial do Cristo morto e ressuscitado.

A Oração Eucarística II, em uma das invocações e sua respectiva resposta confirmam o pensamento acima de que a comunidade orante na celebração eucarística se torna corpo eclesial: "Concedei, que alimentando-nos com o Corpo e Sangue do vosso Filho, sejamos repletos do Espírito Santo e nos tornemos em Cristo um só corpo e um só espírito". E a resposta a essa invocação diz: "Fazei de nós uma oferenda perfeita".

É a Eucaristia o sacramento da maturidade, o cume da iniciação cristã, e não a Crisma. "A Confirmação 'sela' o Batismo de tal maneira que, daí por diante, a Eucaristia não é apenas um rito, mas um modo de vida corporativa repleta do Espírito, no corpo de Cristo que é a Igreja uma vida que todos devem viver, um rito, portanto, a que todos devem ter acesso, sem restrição de idade" (Lelo, 2017, p. 97).

A Eucaristia é o sacramento da vivência permanente e cotidiana da vida cristã, que é vida de comunhão. Entramos, assim, numa das dimensões mais expressivas da Eucaristia, que é a comunhão. Eucaristia é o sacramento que culmina a iniciação, e a partir desse momento é o sacramento permanente da vida cristã daquele que foi iniciado, sobretudo porque é o sacramento da comunhão, da unidade, da união com Cristo e aos irmãos e irmãs.

Eucaristia é sacramento de comunhão fraterna, que une os batizados entre si (cf. LG, n. 3), edifica a comunidade batismal (cf. PO, n. 6). O grande perigo de ontem e de hoje é entender a Eucaristia numa dimensão individualista, intimista entre o fiel e Deus, como se ela nada dissesse a real comunhão com os irmãos e irmãs.

Há um texto profundamente rico do Papa Bento XVI, na época Ratzinger, com seus 33 anos de idade, em 1960, professor na Universidade de Bonn, que fecha com chave de ouro o que estamos querendo aqui expressar na relação Eucaristia-comunhão. O texto é profundamente rico do início ao fim, porém a parte que queremos destacar é a que diz explicitamente que o sentido primário da Eucaristia é o encontro entre as pessoas.

O significado primário da comunhão não é o encontro do indivíduo com seu Deus – para isso haveria outras meios –, mas exatamente a fusão dos indivíduos entre si por meio de Cristo. Pela sua própria natureza, a comunhão é o sacramento da fraternidade cristã. Isto parece-me extremamente importante no que diz respeito à recepção concreta da comunhão. Já em nossas orações, após a comunhão, deveríamos tomar consciência, sempre de novo, de que recebemos o sacramento da fraternidade e deveríamos tentar entender o compromisso que ele exige (Ratzinger, 2013).

Com esse pensamento do então jovem professor de Teologia Fundamental, Ratzinger, fechamos o círculo de nossa reflexão sobre a identidade trinitária da iniciação cristã, que de certa forma foi a tônica do livro, do início até aqui. No início desta obra dizíamos que Trindade é a identidade da vida cristã, pois o conteúdo do querigma é trinitário. Estamos agora já caminhando para a conclusão da obra afirmando que a Eucaristia culmina o percurso da Iniciação à Vida Cristã, e que ela, a Eucaristia, é mistério de comunhão com Deus e com os irmãos, assim como a Santíssima Trindade é mistério de profunda comunhão entre o Pai, o Filho e o Espírito Santo.

Os últimos parágrafos desse subtítulo podem ser assim sintetizados: A) Somos batizados-crismados para a Eucaristia. B) A Eucaristia culmina a Iniciação à Vida Cristã. C) A Eucaristia é o sacramento permanente do iniciado, de maturidade cristã. D) Comunhão é uma das dimensões centrais da Eucaristia. E) Pois bem, comunhão é igualmente o núcleo central do mistério da Santíssima Trindade. F) Pai, Filho e Espírito Santo são desde sempre tão unidos em profunda comunhão que são um único Deus. G) Conclui-se que vida eucarística que o iniciado e todo cristão é chamado a viver é vida trinitária, vida de comunhão, de alteridade, abertura, saída, encontro. Vida eucarística é viver a mística da comunhão trinitária.

E por fim, além de concluir categoricamente que vida eucarística é vida trinitária, vida de comunhão, afirmamos ainda que em cada celebração eucarística se realiza a memória sacramental do querigma, cujo conteúdo é trinitário, conforme visto ao longo dos capítulos. Com outras palavras, em cada Eucaristia proclamamos o mistério da entrega do Filho ao Pai no Espírito Santo. Em cada Eucaristia o querigma é proclamado, celebrado e atualizado, o que ratifica que o querigma perpassa todas as etapas da iniciação cristã e da vida cristã; nada o substitui.

5.3 A história dos sacramentos da iniciação

Após termos elucidado elementos teológicos e eclesiológicos da unidade dos sacramentos do Batismo-Crisma-Eucaristia à luz do unidade do Mistério Pascal, entremos agora na história dos sacramentos da iniciação. É importante que se diga que a noção de três sacramentos, como a temos hoje, não está presente no Novo Testamento, assim como não existe nos Livros Sagrados do Novo Testamento uma organização, um ritual ou um programa estruturado de itinerário formativo para os novos cristãos. Também não é intenção dos Livros Sagrados narrar a liturgia do Batismo. A preocupação primeira do Novo Testamento é mostrar a relação do banho batismal e daquilo que o segue (unção e ceia) com o Mistério Pascal, Vida-Morte-Ressurreição-Pentecostes, ou seja, a relação do banho batismal e a unção com a participação na morte e ressurreição de Jesus Cristo, o perdão dos pecados, a vida nova em Cristo Jesus.

É possível, contudo, perceber, em diversos relatos bíblicos, uma sequência que norteava os passos do tornar-se cristão. Fato é que existia uma preparação imediata para poder ser batizado: anúncio, fé, conversão, celebração sacramental, que era composta por "banho", "imposição das mãos" e inserção na comunidade (cf. At 2,42-48; Rm 6,1-11; Ef 1,13; Hb 5,12–6,3; Tt 3,4-5)[14].

É preciso assegurar que o Batismo cristão no início do cristianismo apresenta-se intimamente unido com o dom do Espírito Santo, sendo composto fundamentalmente pelo rito da água e pela imposição das mãos, a qual, mais tarde, com seus posteriores desenvolvimentos rituais recebeu o caráter sacramental da Crisma. Em outras palavras, durante a era apostólica e nos séculos posteriores o rito da Confirmação fazia parte do rito conclusivo do Batismo, não se configurando, naquele período, como sacramento autônomo. Somente mais tarde é que recebeu o *status* de Sacramento da Crisma.

A celebração da iniciação cristã era realizada liturgicamente na Vigília Pascal numa celebração unitária. Não havia a compreensão de sacramentos autônomos da iniciação, como também não havia o conceito clássico de sacramento. "Naquela fase nem mesmo se preocupava com a enumeração de todos os sacramentos, bem como distingui-lo rigoro-

---

14. "O fato mais notável é descrito em At 2, em que aparece esta sequência: anúncio da salvação dada em Jesus, o crucificado ressuscitado (2,22-36); pedido por parte dos que se abrem à fé e resposta de Pedro que exige conversão, Batismo em nome de Jesus, recepção do dom do Espírito (2,37-41); inserção na comunidade que é assídua na escuta do ensinamento dos apóstolos, na união fraterna, na fração do pão (Eucaristia) e nas orações (2,42-48)" (Russo, 2007).

samente dos outros ritos eclesiásticos e de compreendê-los na sua exata natureza e nos seus efeitos específicos" (Caspani, 2013, p. 355). O que distinguia o Batismo cristão, naquele contexto em que haviam outros ritos batismais de outras religiões e grupos, era o fato de estar ligado "sobretudo, à sua qualificação de 'Batismo em nome de Jesus', à qual está ínsita a efusão do Espírito Santo" (Caspani, 2013, p. 92).

O rito da água com a imposição das mãos (complemento do Batismo) formam um único rito de iniciação e inseriam o candidato na vida cristã. Há de se descartar a participação na Eucaristia após o Batismo-unção. Teodoro de Mopsuéstia (Hom XV 6) diz que a Eucaristia é o alimento apropriado à condição de vida gerada pelo Batismo. Por meio dela somos "nutridos da mesma fonte, da qual nascemos": a morte de Cristo, "da qual recebemos um nascimento sacramental" e agora "recebemos o sacramento da imortalidade".

É preciso insistir mais uma vez nesse aspecto: mais do que descrever a ritualidade do Batismo, o Novo Testamento quer sublinhar que pelo Batismo participamos no Mistério Pascal de Cristo. Há uma diversidade de compreensão do significado do Batismo no Novo Testamento, mas em comum a todas as concepções há a consciência do "Batismo no nome de Jesus". Portanto, o ser batizado em nome de Jesus exprime a ideia de participação nos mistérios pascais de Jesus Cristo. Nessa perspectiva, existe uma reflexão do Papa Bento XVI sobre o "ser batizado em nome de", proferida na abertura do Congresso Eclesial de Roma sobre o Sacramento do Batismo, em 2012, que merece ser aqui apresentada em linhas sintéticas. Recorda Bento que *"no* nome do Pai", no texto grego, é muito importante: o Senhor diz *"eis"* e não *"em"*, ou seja, não *"em* nome" da Trindade – como nós dizemos que um vice-prefeito fala "em nome" do prefeito, um embaixador fala "em nome" do governo: não. Ele diz: "*eis to onoma*"; isto é, uma imersão no nome da Trindade, um estar inserido no nome da Trindade, um impregnar-se do ser de Deus e do nosso ser, um estar imerso no Deus Trindade, Pai, Filho e Espírito Santo, do mesmo modo como no matrimônio, por exemplo, duas pessoas se tornam uma só carne, se tornam uma nova e única realidade, com um novo e único nome.

Ser batizado em nome de é estar "unido a Deus; numa existência única e nova nós pertencemos a Deus, estamos imersos no próprio Deus". E três são, segundo o autor, as consequências desse ato: "A primeira é que Deus já não está muito distante de nós". A segunda consequência é que "nós não nos fazemos cristãos... É, sobretudo uma ação de Deus comigo: não sou eu que me faço cristão, mas eu sou assumido por Deus, guiado pela mão por Deus e assim, dizendo 'sim' a esta ação de Deus, torno-me cristão". E, por fim, a terceira consequência é que "estando imerso em Deus, estou unido aos irmãos e às irmãs, porque todos os outros estão em Deus, e se eu sou arrebatado do meu isolamento, se eu estou imerso em Deus, estou imerso na comunhão com os outros" (Papa Bento XVI, 2012).

Didaqué e Tradição Apostólica

Datada do fim do século I, a *Didaqué* é um documento que nos apresenta o início de uma estruturação da iniciação cristã. Há, na *Didaqué*, indicações de caráter litúrgico-canônico relativas ao Batismo, tais como o jejum dos batizandos antes do Batismo, orientações sobre a água a ser usada, sobre o modo de batizar, por imersão ou infusão, "em nome do Pai e do Filho e do Espírito Santo" (Caspani, 2013, p. 104).

113

Justino, filósofo e teólogo leigo e mártir do século II, escreveu por volta dos anos de 150-160 a *Primeira apologia*, um compêndio de doutrina cristã na qual aborda o processo de conversão à fé. Há, nessa obra, toda uma sessão dedicada ao Batismo e à Eucaristia. O autor aborda o modo como deve o catecúmeno ser instruído na fé. Destacam-se dois elementos fundamentais: ensino (doutrina) e liturgia (oração-jejum), o que comprova a íntima relação entre catequese e liturgia.

A *Tradição apostólica*, de Hipólito de Roma, por volta de 218, é a obra mais completa do itinerário ritual de iniciação cristã dos primeiros séculos do cristianismo. É importante destacar na obra a celebração unitária dos sacramentos, celebrada no decorrer da Vigília Pascal. "A celebração descrita é articulada e complexa, mas ao mesmo tempo fortemente unitária. No seu conjunto podemos individuar três 'polos rituais' distintos, mas normalmente inseparáveis: um momento batismal, um momento 'crismal' ou de 'confirmação' e um momento eucarístico" (Caspani, 2013, p. 104).

Assim está estruturado a liturgia batismal: "Enquanto os batizados se preparam para o rito, despojando-se de suas vestes, o bispo consagra os óleos (o do exorcismo e o de ação de graças, correspondentes a nossos óleos dos catecúmenos e crisma). Cada candidato pronuncia a renúncia a satanás e depois o sacerdote o unge com o óleo do exorcismo (óleo do catecúmeno). Vem em seguida o Batismo, que se faz com três imersões que correspondem à profissão e fé dialogada nas três pessoas da Trindade: 'Crês em Deus Pai, Filho, Espírito Santo?' E o batizando responde outras três vezes com 'creio' ao mesmo tempo que submerge três vezes a cabeça na água. Depois do Batismo, o neófito é ungido pelo sacerdote com o óleo de ação de graças (crisma)" (Russo, 2007, p. 28).

E continua: "Em seguida, os recém-batizados, com suas vestes brancas, apresentam-se diante da comunidade reunida.

Depois o bispo efetua alguns ritos, que formam um conjunto bastante unitário, correspondentes à confirmação: imposição das mãos acompanhando o gesto com uma oração, unção com óleo de ação de graças (crisma), sinal da cruz na testa (*a consignatio*) e o beijo de paz no neófito. Com relação ao que o bispo faz, vemos portanto, ao lado da imposição das mão que já conhecemos, dois ritos novos: a unção e a consignação. A oração que acompanha a imposição da mão é uma epiclese que pede para os batizados a plenitude do Espírito" (Russo, 2007, p. 28).

Após a oração, ao ungir com o óleo de ação de graças (crisma), o bispo diz: "Eu te unjo com o óleo santo de Deus, Pai onipotente, em Jesus Cristo e no Espírito Santo" (Russo, 2007, p. 28). Por fim, os recém-batizados, junto com toda a comunidade, participam da Eucaristia. Nessa primeira participação eucarística eles também recebiam uma mistura de leite com mel, lembrando assim o abandono da escravidão do Egito para viver na "terra que mana leite e mel" (Ex 3,8).

Séculos IV-V

A partir do século IV, aconteceu uma mudança significativa em relação à unidade e sequência dos sacramentos da iniciação. Quando o cristianismo se tornou a religião oficial do Império Romano, cristãos começaram a surgir nas regiões mais longínquas. Aos poucos se consolidava o catecumenato social, em que massas se inscreviam para entrar na religião cristã, cuja intenção, em muitos casos, era a de usufruir dos benefícios de pertencer à religião oficial do Império Romano. Fato é que no interior, longe das cidades, surgem cristãos. Como atender pastoralmente aos novos candidatos ao cristianismo?

Quando começaram a surgir adeptos ao cristianismo nas regiões longínquas, para lá foram enviados os sacerdotes, representantes do bispo. Eram eles que lá administravam o Batismo com o rito da água, ficando ao encargo do bispo o complemento, com o rito da unção (mais tarde chamado de Crisma), quando ele fosse fazer a visita pastoral naquelas comunidades, como sinal de unidade eclesial.

Foi nesse contexto que aconteceu a mudança na ordem dos sacramentos da iniciação. "O espaçamento nas visitas pastorais do bispo, devido a distância, dificuldade de acesso a lugares longínquos, comodismo episcopal ou qualquer outro motivo, levou a permitir o acesso à Eucaristia antes da Confirmação, desfazendo a ordem dos sacramentos da iniciação" (Taborda, 2009, p. 23). A sequência sacramental passou a ser Batismo-Eucaristia-Crisma, ou seja, banho, Eucaristia e unção com óleo. Houve, portanto, a passagem da Crisma para depois da Eucaristia. Até o século IV é o rito unitário da iniciação cristã que prevalece: banho, unção pós-banho, comunhão. Daí para frente, alguns gestos rituais ao redor do qual evoluiu posteriormente a liturgia da Confirmação, como sacramento autônomo, passaram a ser reservados ao bispo. Contudo, a postergação da unção para quando o bispo estivesse presente naquelas comunidades não perde de vista a unidade sacramental que remete a unidade do Mistério Pascal. Nesse momento da história, mesmo que o rito pós-batismal acontecesse posteriormente, com a presença do bispo, invertendo, portanto, a ordem sacramental, não se tinha a compreensão de dois sacramentos isolados ou autônomos, bem como se conservava teologicamente a compreensão de que a Eucaristia é o cume da iniciação cristã. Portanto, tal mudança se deu por questões práticas e não teológicas. Dito de forma mais clara, embora a unção (Crisma) tenha passado a ser administrada pós-Eucaristia, na compreensão teológica, a Eucaristia permanecia como o cume da iniciação cristã[15].

Enquanto que a Igreja do Ocidente optou por deixar o rito da unção para mais tarde, quando o bispo fosse visitar aquelas comunidades rurais, a Igreja do Oriente tomou outra decisão: deixar sob a competência do presbítero a totalidade da iniciação[16]. Foi na Gália, no século IV, que se deram os primeiros sinais da dissociação entre Batismo e Confirmação. Também foi na Gália, em alguns concílios, no século V, que se utilizou o verbo *confirmare* para expressar o complemento do Batismo pelo bispo após o rito da água (Caspani, 2013)[17].

Aos poucos, o que seria um costume por questão de praticidade e sinal de unidade eclesial (delegar o gesto da unção pós-rito da água ao bispo), caminha para tornar-se algo oficial na Igreja, não mais por praticidade, mas por compreensão teológica, ou seja, o rito da Confirmação para depois do Batismo-comunhão tende a se tornar algo oficial. A Crisma ganhava, assim, estatuto de sacramento autônomo, independente do Batismo e da Eucaristia.

Vale lembrar que as paróquias nasceram nesse contexto de crescimento de novos cristãos nas comunidades rurais,

---

15. "A separação da Crisma, no conjunto da iniciação cristã, se deu bem antes, sem qualquer razão teológica. Quando o Batismo passou a ser administrado nas igrejas rurais, sem a presença do bispo, foi preciso optar: ou transferir para a competência do presbítero a totalidade da iniciação, ou separar o banho batismal dos ritos pós-batismais realizados pelo bispo. A Igreja Oriental preferiu a primeira opção. A Latina ficou com a segunda" (Taborda, 2009, p. 23).
16. "Não que essa consequência fosse necessária, pois a Igreja Oriental conserva, até hoje, a comunhão batismal dos bebês. O adiamento da Eucaristia para quando a criança chegasse ao 'uso da razão', não pareceu decisão evidente, mesmo na Igreja Latina... Até o século XII a comunhão batismal das crianças de colo era prática generalizada no Ocidente e ainda no século XVI é testemunhada, aqui e ali, seja na prática, seja em ritos que são um resquício da prática antiga (assim, por exemplo, dar um pouco de vinho não consagrado à criança, no final da celebração) (Taborda, 2009, p. 23).
17. *Confirmare* não significava, naquele contexto, o Sacramento da Crisma, como o temos hoje.

distantes das cidades. Para lá são enviados ministros para o atendimento pastoral, sobretudo a administração dos sacramentos. Aos poucos, tais ministros, chamados presbíteros ou sacerdotes, assumem certa autonomia e um progressivo distanciamento das "cátedras"; isto é, daquele modelo evangelizador a partir da unidade pastoral bispo, presbíteros e diáconos que trabalhavam em plena harmonia em nível de cidade. Ao final dos séculos V e VI, os presbíteros começam a se fixar no ambiente rural, e começam a ser chamados de "sacerdotes", que significa representante do sagrado. Assim, "A figura do padre vai paulatinamente ganhando destaque, e a paróquia recebe uma certa autonomia. Paulatinamente iniciam-se as grandes construções para as celebrações, as quais até então eram realizadas preponderantemente nas casas" (Reinert, 2015, p. 122). É, portanto, nesse contexto que se inicia o desenrolar gradual e constante de uma nova forma de organização eclesial, cuja base é o território, que mais tarde receberá o nome de "paróquia" (cf. Almeida, 2009, p. 43).

A partir do século VII

A partir do século VII, mudanças significativas ocorreram no campo da iniciação cristã. A instituição do catecumenato já estava praticamente desaparecida nesse período. Aumentava consideravelmente o Batismo de crianças[18]. Com o cristia-

---

18. A partir do século VI, generaliza-se o *Batismo de crianças*. A pastoral da Igreja e o direito civil (com suas penalidades e sanções) se unem para consolidar essa prática e dotá-la de um caráter de obrigação cada vez mais estrita. Logicamente, desaparecem pouco a pouco, com essa mudança, os catecúmenos adultos, e a instituição catecumenal se converte em um amálgama de ritos fossilizados que constituíram, durante séculos, uma parte do rito batismal na liturgia romana. A iniciação cristã, que em épocas anteriores fora objeto de celebração solene e comprometida de toda a comunidade, em datas relevantes do ano litúrgico (em Roma, sobretudo, na Páscoa e em Pentecostes), passará paulatinamente a ser um assunto individual ou familiar. A fragilidade dos recém-nascidos, a mortalida-

nismo adentrando cada vez mais pelos caminhos da pertença social, mais e mais crianças eram as candidatas ao Batismo, trazidas pelos pais para serem batizadas. Consequentemente, aquela fórmula da tríplice interrogação/confissão da fé na Santíssima Trindade é substituída pela fórmula indicativa "Eu te batizo em nome do Pai e do Filho e do Espírito Santo". Maior relevo ganhava a figura do padrinho, que começou a responder às perguntas feitas pelo sacerdote que até então eram feitas aos batizandos (Caspani, 2013, p. 168). Fato é que, "dada a multiplicação do Batismo das crianças, pensa-se ser melhor perguntar aos pais, aos padrinhos e às madrinhas antes do Batismo, e, no que se refere ao Batismo como tal, introduzir a fórmula; Eu te batizo" (Russo, 2007, p. 34).

Por volta dos séculos X e XI, embora a orientação fosse batizar na Páscoa e Pentecostes, na prática se batizava logo após o nascimento. A partir do século XIII aparecem nas dioceses estatutos orientando batizar o quanto antes, logo após o nascimento (*quamprimum*), cujas motivações eram fundamentalmente duas, interligadas entre si: ser liberta do pecado original, e a mortalidade infantil em alta naquele período. Portanto, batizava-se o quanto antes e na mesma celebração se recebia a comunhão; mais tarde se crismava. Fato é que já desde o século VIII tendeu-se a ver a Crisma de forma autônoma, em relação ao Batismo e à Comunhão, com efeito próprio. No século XIII já existia um pontifical romano no qual continha o ritual de Confirmação separado, independente do Batismo, oficializando, dessa forma, a separação do Batismo e Comunhão da Crisma (Caspani, 2013, p. 174). É importante que se diga que estamos na Escolástica, em cujo contexto teológico foi definida a lista dos sete sacramentos.

---

de infantil, leva a equipará-los aos enfermos e a conceder-lhes o sacramento em qualquer dia do ano e quanto antes (Basurko, p. 90-91).

119

Quanto à questão da idade para receber a Confirmação, se nos séculos XII e XIII sínodos diocesanos e concílios pediam para os pais levarem os filhos para serem crismados durante os primeiros anos de vida, a partir do século XIII começaram a aparecer na Alemanha normas para que as crianças se apresentassem ao bispo com 7 ou mais anos de idade, cujos motivos, segundo alguns estudiosos, estariam ligados

> [à] esperança de que a lembrança pessoal da Confirmação possa evitar a sua reiteração; a convicção de que a presença de crianças na idade da razão garanta o desenrolar de uma celebração mais ordenada e devota; o escasso significado que reveste um sacramento que dá força em vista da luta, embora seja conferido a crianças que se encontram em uma idade ainda não sujeita a lutas e tentações (Adam, *apud* Caspani, 2013, p. 175).

A Eucaristia separada do Batismo

Não obstante todas as mudanças acima relatadas, o Batismo e a Eucaristia estavam unidos numa única celebração. Toda criança, ao receber o Batismo, mesmo tendo a Crisma protelada devido à ausência do bispo, recebia também a comunhão eucarística: "se a sua condição lhe impede a comunhão sob a espécie de pão, o sacerdote proverá a comunhão só com a espécie de vinho" (Caspani, 2013, p. 178).

No IV Concílio de Latrão (1215), ao se reagir contra uma progressiva desafeição à comunhão eucarística, se prescreveu que cada fiel, ao chegar à idade da razão, confessasse os seus pecados e se aproximasse com reverência da comunhão eucarística ao menos na Páscoa. Com tal decreto se proíbe a comunhão aos recém-nascidos. Os motivos da prescrição da idade da razão se situam dentro de um crescente sentimento de respeito necessário para se aproximar da Eucaristia. Já há alguns séculos, a Eucaristia era difundida como *mysterium tremendum*, com a consequente reverência exagerada, diga-se escrúpulo, diante dela (Caspani, 2013, p. 180). Dava-se, dessa forma, a separação entre Eucaristia e Batismo. Assim, oficialmente os três sacramentos da iniciação eram recebidos separadamente um dos outros.

O Concílio Vaticano II, após séculos de separação dos três sacramentos da iniciação e inversão da sequência original dos sacramentos, resgata a unidade sacramental entre Batismo, Crisma e Eucaristia e reordena-os na sua sequência original, pois teologicamente é a Eucaristia o cume da iniciação cristã. "A unidade dos três sacramentos da iniciação cristã é uma conquista do concílio e está afirmada como forma típica para todo modelo de iniciação" (Lelo, 2017, p. 35). Se antes do Concílio Vaticano II se destacava o efeito salvífico de cada um dos sacramentos, o conceito de iniciação recupera a ação da tríade sacramental do plano histórico-salvífico, como participação no Mistério Pascal de Cristo, mediante o banho (morte e ressurreição do Senhor), a unção (dom do Espírito), e a Eucaristia (união ao sacrifício do Senhor) (Lelo, 2017, p. 94).

Conclusão

Ciente de que o tema da relação entre Santíssima Trindade e iniciação cristã não foi esgotado nas páginas deste livro, o que se pretendeu foi chamar a atenção para um assunto ainda pouco refletido na teologia pastoral. Queremos concluir esta obra com um pensamento repetido várias vezes no decorrer dos capítulos: a Santíssima Trindade não é apenas um tema na catequese dentre tantos outros temas da fé cristã. Santíssima Trindade é a razão de ser da vida cristã. Ou a iniciação cristã é trinitária ou então não cumpre sua missão de iniciar na comunhão com Deus Pai, Filho e Espírito Santo.

A consciência de que o mistério do Deus Uno e Trino perpassa todo o percurso da iniciação cristã é o primeiro passo a ser dado na consolidação da espiritualidade trinitária na metodologia de inspiração catecumenal, a partir da qual surgirão atitudes criativas que farão a caminhada da transmissão e educação da fé ser cada vez mais fiel à sua vocação evangelizadora.

Referências

ALBERICH, E. O catecismo em questionamento: será o catecismo uma forma adequada à transmissão da fé em nosso tempo? *Revista de Catequese*, Roma, n. 40, 1987.

ALMEIDA, J. A. *Paróquia, comunidades e pastoral urbana*. São Paulo: Paulinas, 2009.

BASURKO, X. De Gregório Magno a Gregório VII (590-1073). In: BOROBIO, D. (org.). *A celebração na Igreja* – Liturgia e sacramentologia fundamental. São Paulo: Loyola, 1990.

BOFF, L. *A Trindade, a sociedade e a libertação*. 2. ed. Petrópolis: Vozes, 1986.

BOFF, L. *Jesus Cristo libertador*. Petrópolis: Vozes, 2012.

CARDEDAL, O. G. de. *Cristologia*. Petrópolis: Vozes, 2022.

CARMO, S. M. do; SILVA, O. *Elementos de didática na catequese*. 2. ed. São Paulo: Paulus, 2004.

CASPANI, P. *Renascer da água e do Espírito*: Batismo e Crisma, sacramentos da iniciação cristã. São Paulo: Paulus, 2013.

CONCÍLIO VATICANO II. *Ritual da Iniciação Cristã dos Adultos* – Ritual romano renovado por decreto do Concílio Vaticano II, promulgado por autoridade do Papa Paulo VI. 3. ed. São Paulo, 1980.

CONCÍLIO VATICANO II. *Constituição Dogmática Dei Verbum*. São Paulo: Paulus, 2001.

CONGREGAÇÃO PARA O CLERO. *Diretório Geral para a Catequese*. 15 ago. 1997. Disponível em: https://www.vatican.va/roman_curia/congregations/cclergy/documents/rc_con_ccatheduc_doc_17041998_directory-for-catechesis_po.html – Acesso em: 11 jul. 2023.

DENZINGER, H.; HÜNERMANN, P. *Compêndio dos símbolos, definições e declarações da fé e de moral*. 3. ed. São Paulo: Paulinas/Loyola, 2007.

FORTE, B. *Jesus de Nazaré, história e Deus, Deus da história*: ensaio de uma cristologia como história. São Paulo: Paulinas, 1985.

FORTE, B. *A Igreja ícone da Trindade*: breve eclesiologia. São Paulo: Loyola, 1987.

FLORES, J. H. P. *Como evangelizar os batizados*. 16. ed. São Paulo: Loyola, 2003.

LELO, A. F. *A iniciação cristã*: catecumenato, dinâmica sacramental e testemunho. São Paulo: Paulinas, 2017.

LIBANIO, J. B. *Eu creio, nós cremos*: tratado da fé. São Paulo: Loyola, 2000.

LIBANIO, J. B.; MURAD, A. *Introdução à teologia*: perfil, enfoques, tarefas. 7. ed. São Paulo: Loyola, 2010.

LIMA, L. A. O que é querigma? *Revista de Catequese*, São Paulo, n. 109, p. 6-20, 2005.

LIMA, L. A.; SCHMITT, P. S. O querigma cristão. *Revista Encontros Teológicos*, Florianópolis, v. 32, n. 1, jan./abr. 2017.

LIMBECK, M. *Adeus à morte sacrificial*: repensando o cristianismo. Petrópolis: Vozes, 2016.

MIRANDA, M. F. Compreender a salvação cristã no século XX. *Revista Pastoral*, ano 53, n. 284, maio-jun. 2012.

MOLTMANN, J. *El Dios crucificado*: la cruz de Cristo como base y crítica de toda teologia Cristiana. Salamanca: Sígueme, 1975.

MOLTMANN, J. *Trindade e Reino de Deus*. Petrópolis: Vozes, 2000.

NÚCLEO DE CATEQUESE PAULINAS. *Querigma*: a força do anúncio. São Paulo: Paulinas, 2014 (Coleção Pastoral litúrgica).

PAGOLA, J. A. *Pai-nosso*: orar com o Espírito de Jesus. Petrópolis: Vozes, 2018.

PAPA BENTO XVI. Congresso Eclesial da Diocese de Roma. *"Lectio Divina" do Papa Bento XVI*. Basílica de São João de Latrão, 11 de junho de 2012. Disponível em: https://www.vatican.va/content/benedict-xvi/pt/speeches/2012/june/documents/hf_ben-xvi_spe_20120611_convegno-ecclesiale.html – Acesso em: 18 abr. 2024.

QUEIRUGA, A. T. *A revelação de Deus na realização humana*. São Paulo: Paulus, 1995.

QUEIRUGA, A. T. *Recuperar a criação*: por uma religião humanizadora. São Paulo: Paulus, 1999a.

QUEIRUGA, A. T. *Recuperar a salvação*: por uma interpretação libertadora da experiência humana. São Paulo: Paulus, 1999b.

RATZINGER, J. *Comunhão, sacramento da fraternidade cristã*. Disponível em: https://www.ihu.unisinos.br/noticias/555831-ratzinger-a-eucaristia-existe-para-ser-recebida – Acesso em: 10 nov. 2023.

REINERT, J. F. *Paróquia e iniciação cristã*: a interdependência entre renovação paroquial e mistagogia catecumenal. São Paulo: Paulus, 2015.

REINERT, J. F. *Trindade*: mistério de relação. Petrópolis: Vozes, 2021. (Coleção Iniciação à Teologia).

REINERT, J. F. *A identidade do catequista a partir das celebrações do Rica*. São Paulo: Paulus, 2023.

RUSSO, R. O desenvolvimento histórico da iniciação cristã. *In*: CELAM – Conselho Episcopal Latino-Americano. *Manual de Liturgia* – A celebração do Mistério Pascal: os sacramentos, sinais do Mistério Pascal. v. 3. São Paulo: Paulus, 2007.

SOBRINO, J. *Cristologia a partir da América Latina* – Esboço a partir do seguimento de Jesus histórico. Petrópolis: Vozes, 1983.

SUSIN, L. C. *A criação de Deus*: Deus e a criação. 2. ed. São Paulo/Valência: Paulinas/Siquem, 2010, p. 39-40.

TABORDA, F. Crisma, sacramento do Espírito Santo? Para uma identificação da Crisma a partir de sua unidade com o Batismo. *Revista Perspectiva Teológica*, v. 30, n. 81, 1988.

TABORDA, F. *Nas fontes da vida cristã* – Uma teologia do Batismo-Crisma. São Paulo: Loyola, 2009.

TABORDA, F. *A Igreja e seus ministérios* – Uma teologia do ministério ordenado. São Paulo: Paulus, 2011.

Theologia Latino Americana. Batismo-Crisma. Disponível em: https://teologicalatinoamericana.com/?p=1351 – Acesso em: 18 abr. 2024.

Conecte-se conosco:

f facebook.com/editoravozes

◉ @editoravozes

✗ @editora_vozes

▶ youtube.com/editoravozes

◉ +55 24 2233-9033

www.vozes.com.br

Conheça nossas lojas:

www.livrariavozes.com.br

Belo Horizonte – Brasília – Campinas – Cuiabá – Curitiba
Fortaleza – Juiz de Fora – Petrópolis – Recife – São Paulo

  Vozes de Bolso

EDITORA VOZES LTDA.
Rua Frei Luís, 100 – Centro – Cep 25689-900 – Petrópolis, RJ
Tel.: (24) 2233-9000 – E-mail: vendas@vozes.com.br